T0267888

El poder de sanación de la glándula pineal

Crystal Fenton

El poder de sanación de la glándula pineal

Ejercicios y meditaciones para purificar, descalcificar y activar tu tercer ojo

EDICIONES OBELISCO

Si este libro le ha interesado y desea que le mantengamos informado
de nuestras publicaciones, escríbanos indicándonos qué temas son de su interés
(Astrología, Autoayuda, Ciencias Ocultas, Artes Marciales, Naturismo,
Espiritualidad, Tradición…) y gustosamente le complaceremos.

Puede consultar nuestro catálogo en www.edicionesobelisco.com
Los editores no han comprobado la eficacia ni el resultado de las recetas,
productos, fórmulas técnicas, ejercicios o similares contenidos en este libro.
Instan a los lectores a consultar al médico o especialista de la salud ante
cualquier duda que surja. No asumen, por lo tanto, responsabilidad alguna
en cuanto a su utilización ni realizan asesoramiento al respecto.

Colección Salud y Vida natural
EL PODER DE SANACIÓN DE LA GLÁNDULA PINEAL
Crystal Fenton

Título original: *The Healing Power of the Pineal Gland*

1.ª edición: marzo de 2023

Traducción: *Jordi Font*
Maquetación: *Isabel Also*
Corrección: *TsEdi, Teleservicios Editoriales, S. L.*
Diseño de cubierta: *TsEdi, Teleservicios Editoriales, S. L.*

© 2022, Crystal Fenton. Edición publicada por acuerdo con Ulysses Press
a través de International Editors & Yáñez Co' S.L.
(Reservados todos los derechos)
© 2023, Ediciones Obelisco, S. L.
(Reservados los derechos para la presente edición)

Edita: Ediciones Obelisco, S. L.
Collita, 23-25. Pol. Ind. Molí de la Bastida
08191 Rubí - Barcelona - España
Tel. 93 309 85 25
E-mail: info@edicionesobelisco.com

ISBN: 978-84-9111-984-5
Depósito Legal: B-2.377-2023

Impreso en España en los talleres gráficos de Romanyà/Valls S. A.
Verdaguer, 1 - 08786 Capellades - Barcelona

Printed in Spain

Al timing *divino del universo, siempre llevándonos al lugar correcto, justo cuando necesitamos estar allí, cultivando la expansión, la consciencia y la receptividad al flujo de la vida.*

INTRODUCCIÓN

Como seres humanos, todos estamos interconectados por nuestra cualidad compartida de dualidad: la relación entre nuestra faceta física y nuestra faceta espiritual. Nuestras naturalezas físicas –el cuerpo y el cerebro– se basan en la ciencia y la anatomía. Nuestras naturalezas espirituales, por otro lado, dependen del estado energético de nuestra existencia junto con la sabiduría que se encuentra dentro de nuestros corazones.

El propósito de este libro es guiarte en el aprendizaje de cómo aprovechar el poder de sanación de la glándula pineal, que se conecta con la activación de tu *chakra* del tercer ojo. Tu *chakra* del tercer ojo, conocido en sánscrito como el *chakra ajna*, se encuentra en el espacio situado justo entre tus cejas. La glándula pineal y el *chakra* del tercer ojo son fuerzas unidas que actúan como portales separados que trabajan juntos para activar tu despertar de hiperconciencia, consciencia y mayor claridad de intuición.

Al investigar y escribir este libro, llevé a cabo múltiples entrevistas con un amplio abanico de expertos en los ámbitos de la salud, la ciencia del sueño y el bienestar. Esta investigación mejoró mi conocimiento y comprensión de la glándula pineal y cómo se conecta con el *chakra* del tercer ojo, junto con la poderosa naturaleza del cuerpo humano, sus campos energéticos y sus propias capacidades de sanación interna.

Sanación holística para desbloquear tu máximo potencial

El cuerpo humano es un sistema de partes en constante movimiento; cuando estas partes trabajan en tándem, asegura una funcionalidad óptima. Estrés, toxinas, congestión, lo que sea… Todos estos factores actúan como obstáculos que pueden manifestarse físicamente dentro del cuerpo. Y estos problemas pueden traer consigo efectos negativos que dificultan la claridad de nuestra mente y de nuestras habilidades intuitivas.

Teniendo esto en cuenta, es esencial adoptar todos los días un enfoque holístico para cuidar de nosotros mismos, recurriendo a prácticas de autocuidado que abarquen la mente, el cuerpo y el espíritu. En especial en nuestro entorno moderno, donde el tiempo es precioso y hay multitud de desafíos externos, es fundamental preservar y proteger la energía con la que nos presentamos al mundo. También es imperativo nutrir y controlar nuestros pensamientos internos, nuestros sentimientos y nuestra aura de una manera reflexiva y que tenga un impacto positivo en la manera en que coexistimos con los desafíos o con el caos que no podemos controlar.

Si bien no siempre podemos controlar o modificar las circunstancias o situaciones en el mundo exterior, podemos tomar las riendas de cómo manejamos y procesamos nuestras emociones internas, nuestras respuestas y nuestras acciones. El poder de la mente es más fuerte que el poder físico del cuerpo.

Activar la energía de los *chakras*

Todo es energía, incluyéndote a ti mismo. Nuestra esencia se extiende más allá de nuestros cuerpos físicos en vórtices vibratorios que irradian hacia afuera. Los centros de energía que se encuentran dentro de estos vórtices se conocen como *chakras*. Los *chakras* están situados a lo largo de la columna vertebral, de abajo hacia arriba, y se corresponden con el alineamiento tanto físico como espiritual. Como los *chakras* fluyen hacia arriba en una línea vertical, nuestra energía espiritual asciende del mismo modo, al igual que el cuello, la cabeza, las articulaciones y la columna vertebral se apilan en vertical los unos sobre los otros.

Es ampliamente conocido que hay siete *chakras*, cada uno con su color correspondiente:

Muladhara
el *chakra* raíz, rojo

Svadhisthana
el *chakra* del sacro, naranja

Manipura
el *chakra* del plexo
solar, amarillo

Anahata
el *chakra* del
corazón, verde

Vishuddha
el *chakra* de la
garganta, azul

Ajna
el *chakra* del
tercer ojo, azul
purpúreo o índigo

Sahasrara
el *chakra* de la
corona, violeta
o blanco

Piensa en los *chakras* como puertas giratorias que conectan tu ser interior con el mundo físico que te rodea. Considera el *chakra* del tercer ojo como un pavo real: cuando está activado y consciente, ves el mundo, tanto interna como externamente, con una claridad plena y expansiva, similar a como se abren y expanden las plumas de un pavo real. Ahora estás abierto y receptivo, con una atención clara y enfocada en todos los brillantes colores, las experiencias sensoriales y los elementos táctiles que te rodean. Por el contrario, cuando este *chakra* del tercer ojo está bloqueado, puedes sentirte atorado, letárgico y confuso, casi como si todo lo que hay dentro y alrededor de ti estuviera inmóvil y borroso, como cuando las plumas de un pavo real están bloqueadas e incapaces de expandirse por completo en todo su potencial.

Si bien el *chakra* del tercer ojo está directamente asociado y conectado con la glándula pineal, todos los demás *chakras* también pueden tener un impacto sobre esta glándula y su función. Aunque entendemos que las personas tienen siete *chakras*, puede ser útil pensar que sólo seis de ellos residen dentro del cuerpo físico, mientras que el séptimo, el *chakra* de la corona, se encuentra justo al lado o encima del cuerpo, actuando como un punto de conexión con lo divino.

Esto significa que el *chakra* de la corona, que es el más elevado, puede fluir su fuente de energía, o la energía que emite tanto desde nuestra naturaleza espiritual como física, sólo en un vórtice ascendente. Justo debajo del *chakra* de la corona se encuentra el *chakra* del tercer ojo, donde reside nuestra glándula pineal. El *chakra* del tercer ojo, el *chakra* de la garganta, el *chakra* del corazón, el *chakra* del plexo solar, el *chakra* del sacro y el *chakra* raíz contienen vórtices anteriores y posteriores desde los cuales puede fluir e irradiar la energía.

Piensa en tu glándula pineal como el punto de conexión con la línea vertical de energía que se mueve hacia arriba a través de tu cuerpo, así como con los flujos ascendentes y descendentes, de izquierda a derecha y de adelante hacia atrás, desde los portales de energía multidireccionales de tu cuerpo. La glándula pineal es el portal final antes del flujo ascendente de energía hacia la conexión entre el *chakra* de la corona y lo divino, lo que hace que la glándula pineal tenga una gran importancia tanto en nuestra naturaleza física como en la espiritual.

Examinaremos los *chakras* más a fondo en el capítulo 2.

Mi viaje

Tanto mi vida personal como mi vida profesional como profesora de yoga, escritora *freelance* y periodista se centran en la salud, en el bienestar, en el equilibrio y en ayudar o estar al servicio de los demás. Pero no siempre ha sido así.

Hace unos años, estaba cayendo en espiral en un ciclo de negatividad. Esta trayectoria negativa era la culminación de un par de cambios traumáticos y de giros vitales: una ruptura devastadora cuando preveía un compromiso, y un trabajo y un entorno de oficina emocional y físicamente tóxicos que habían aumentado el estrés a medida que iban transcurriendo los años.

Cada día me despertaba nerviosa y desequilibrada. Era una combinación dañina que se coló sigilosamente y fue devorando mi creatividad, una parte esencial de mi trabajo en una revista de moda y belleza.

Pero como dice el refrán, todo sucede por una razón, aunque no lo parezca en ese momento. Por último, estas circunstancias me ayudaron a seguir mi verdadero camino. La jornada laboral y el estrés de la oficina me impulsaron a profundizar en mi práctica de yoga. Como mecanismo de afrontamiento para calmar la ansiedad de un entorno de alta presión y ritmo acelerado, comencé a practicar yoga todos los días y al final encontré mi camino en un programa de formación de profesores.

Esta práctica de yoga, que une el cuerpo físico con las emociones y los sentimientos de la mente y la espiritualidad del alma, comenzó como una actividad para aliviar el estrés y una forma de procesar mi dolor por el final de una relación con el hombre que pensé que sería mi marido. Me permitió llorar la pérdida de la vida futura que había imaginado, a la vez que me abría a nuevos comienzos, oportunidades y caminos.

Con mi compromiso con el autocuidado –practicar yoga, meditación y *mildfulness* a diario, además de atender a mis necesidades físicas y emocionales–, surgió una sensación de claridad, despertar y conciencia. Salir de la niebla de la negatividad fue como salir de una nube: de repente, pude ver el mundo con detalles claros y coloridos, e imaginar un futuro positivo.

Esto me impulsó a convertirme en una profesora certificada de yoga y a trabajar por mi cuenta, algo que antes me resultaba demasiado desconocido y aterrador como para meterme en ello. Mi creatividad, de la que me sentía orgullosa pero que al mismo tiempo consideraba que era escasa, también se despertó, al igual que mi capacidad de intuir la energía de las personas y las situaciones.

Esto es lo que a menudo se conoce como el despertar del *chakra* del tercer ojo: aumenta tu capacidad de percepción, lo que te permite «captar el ambiente» o discernir el aura y la energía de los acontecimientos y las personas. También se activa una naturaleza empática, lo que te obliga a servir al mundo y a sanar y ayudar a los demás, así como a cultivar una conciencia y un nivel de consciencia mejorados e hiperenfocados.

Tu viaje

Ahora las buenas noticias: tú también tienes esta misma asombrosa energía en tu interior esperando ser liberada al mundo. A medida que vayamos avanzando en los siguientes capítulos, exploraremos las complejidades de la glándula pineal y cómo trabajar con ella para lograr una salud óptima, del mismo modo que cómo utilizar prácticas meditativas conscientes y ejercicios que activan la energía para desbloquear y aprovechar el poder del *chakra* del tercer ojo.

Al aprender a tratar, sanar y equilibrar estos elementos de la mente, el cuerpo y el espíritu, podemos crear los cambios necesarios para expandirnos hasta lograr nuestro máximo potencial. Practica los ejercicios de activación de la energía que muestro más adelante con todo tu corazón, tu mente y tu cuerpo. Cuando el poder de tu glándula pineal y el *chakra* del tercer ojo se activen y se eleven, observa cómo la claridad y la naturaleza intuitiva de tu nueva conciencia de ti mismo y estado de ánimo elevan tu vida. ¡Que comience el viaje!

CAPÍTULO 1

LA GLÁNDULA PINEAL Y EL PODER DEL SUEÑO

Ritmos circadianos y melatonina

La glándula pineal es una parte pequeña pero poderosa de tu cuerpo. Aproximadamente del tamaño de un guisante o de un grano de arroz, esta pequeña glándula en forma de piña influye en muchos elementos de tu vida, desde cómo tomas tus decisiones hasta cómo es tu percepción de la realidad. Situada cerca del centro del cerebro y alineada con el punto medio entre las cejas, la responsabilidad principal de la glándula pineal es producir una de las hormonas más importantes que se encuentran en el organismo: la melatonina.

Es posible que hayas oído hablar de la melatonina, uno de los suplementos de bienestar más populares que existen. Elemento clave para lograr un sueño saludable, esta hormona regula el flujo del ciclo sueño-vigilia a través de ciclos estacionales y circadianos.

El cerebro produce melatonina como respuesta a la oscuridad. Esta hormona es un elemento esencial para nuestro sueño y para la calidad de éste. Imagínate el trabajo de la glándula pineal como el de un supervisor, monitorizando el centro de comando que controla la calidad de nuestro sueño, quizás el elemento más importante e influyente en nuestra salud física y nuestro bienestar emocional general.

No todo el mundo sabe que la glándula pineal está separada de dos de las glándulas del centro de control más conocidas: la pituitaria y el hipotálamo. La glándula pituitaria también es pequeña, y a menudo se la conoce como la «glándula maestra» debido al hecho de que controla la actividad de la mayoría de las otras glándulas secretoras de hormonas. La liberación de hormonas de la glándula pituitaria está controlada por el hipotálamo, una parte del cerebro que también controla muchas otras funciones del organismo.

La glándula pineal trabaja en armonía con el hipotálamo. El hipotálamo regula funciones corporales tales como el hambre, la sed, el deseo sexual y nuestro reloj biológico. La glándula pineal también controla biorritmos internos, como veremos más adelante. Dado que se encuentra en el punto medio entre nuestros ojos, la glándula pineal está vinculada con nuestro *chakra* del tercer ojo. También se cree que la glándula pineal contiene fotorreceptores similares a los que se encuentran en los ojos. Éstos se activan mediante señales de luz transmitidas desde nuestros ojos.

Dado que se considera que la glándula pineal puede desempeñar un papel importante en casi todos los aspectos de la función humana, debe gozar de una salud óptima para que nuestro cuerpo y nuestra mente se encuentren en sus niveles máximos de rendimiento. La glándula pineal está sumergida en líquido cefalorraquídeo. El flúor presente en el agua o los pesticidas tiende a acumularse en concentraciones más altas en la glándula pineal que en cualquier otra parte del organismo. Potencialmente, esto puede provocar calcificación, lo que puede acabar afectando a la capacidad de la glándula pineal para producir melatonina.[1] De hecho, la glándula pineal tiene el porcentaje más alto de calcificación, o de desarrollo de manchas de calcio, que cualquier otro órgano. Además de fabricar melatonina, la glándula pineal también libera serotonina, la pareja de la melatonina.

El ciclo de producción de estas hormonas es bastante simple: durante el día, cuando hay luz solar, la glándula pineal produce serotonina. En cambio, en la oscuridad o bajo la luz de la luna, la glándula pineal fabrica melatonina. Ambas sustancias derivan químicamente del alcaloide triptamina y se sintetizan en la glándula pineal. Luego pueden ser

---

1. Ratini, R.: «What to Know About Calcification of the Pineal Gland», *WebMD*, 23 de junio de 2021. Disponible en: www.webmd.com/sleep-disorders/what-to-know-about-calcification-of-the-pineal-gland

liberadas a la sangre y quizás también al líquido cefalorraquídeo, o líquido cerebral.

A diferencia de la mayoría de las otras áreas del cerebro, la glándula pineal no tiene la barrera hematoencefálica que le brinde protección total del resto del cuerpo, sino que recibe un nivel significativo de flujo sanguíneo, sólo superado por los riñones. La ubicación de la glándula pineal en la parte más profunda del cerebro puede ser un indicador de su importancia, y de ahí el papel de esta glándula como conexión entre el reino espiritual y nuestra existencia física, y como puente para el despertar de nuestro *chakra* del tercer ojo.

La ciencia del sueño

¡Ah, el sueño! El estado fundamental y a veces esquivo que regula nuestra existencia. Estar inconsciente alimenta nuestra consciencia, lo que hace que el sueño resulte esencial para nuestra salud física y emocional.

El sueño y la calidad de tu sueño son básicos para la salud de todo tu cuerpo, desde la cabeza hasta los pies. Las horas nocturnas son el mejor momento del organismo para recuperarse, renovarse, rejuvenecer y descansar. Sin embargo, muchos de nosotros tenemos problemas para conciliar el sueño, permanecer dormidos o, simplemente, dormir lo suficiente.

La salud holística de todo nuestro cuerpo depende del sueño. Sin un descanso adecuado, el cuerpo humano no puede funcionar de manera óptima, ni el cerebro puede llevar a cabo la necesaria eliminación de desechos.

Mientras dormimos, el cuerpo lleva a cabo una reparación y un rejuvenecimiento celular importantes, al mismo tiempo que el cerebro elimina toxinas y desechos dañinos. El sistema nervioso pasa a sus fases de reposo, las hormonas del estrés caen a sus niveles más bajos y el sistema inmunitario se reinicia. Nuestra salud cognitiva y psicológica se beneficia del procesamiento de la memoria y la renovación celular que tiene lugar durante el sueño.

Cuando no tenemos un sueño constante y de calidad, nos perdemos el impacto completo de sus poderes profundamente restauradores. De hecho, la mala calidad del sueño aumenta la inflamación, una de las principales causas del envejecimiento biológico y un factor importante en los problemas relacionados con la edad, como las enfermedades cardiovasculares, el cáncer y los trastornos neurodegenerativos. Sin un sueño adecuado, el organismo no puede funcionar de manera correcta. Y el cerebro tampoco.

Fíjate en la glándula pineal. Si este pequeño pero poderoso punto situado en tu cerebro no está optimizado, es probable que la producción de melatonina no sea tan buena como podría o debería ser. Y si falta melatonina, es posible que la cantidad y la calidad de tu sueño tampoco sean las mejores.

Cómo regulan los ritmos circadianos tu sueño

Como principal productor de melatonina, la glándula pineal desempeña un papel esencial en nuestra salud general al controlar y regular nuestros biorritmos. Los biorritmos son procesos biológicos rítmicos internos que ayudan a determinar y regular las funciones y los procesos corporales.

El más importante de ellos es nuestro ritmo circadiano. Comúnmente conocido como el ciclo del sueño, este ritmo vinculado a la luz regula los patrones diarios de sueño y vigilia. Los ritmos circadianos son cambios mentales, físicos y comportamentales que siguen un ciclo de veinticuatro horas. Los ritmos responden sobre todo a la luz y la oscuridad, e influyen en la mayoría de los seres vivos: plantas, animales e incluso microbios.

¿Por qué es todo esto importante? Como se ha comentado en el apartado anterior, el sueño asegura que nuestro cuerpo esté feliz y sano, y funcione de la mejor manera posible. Por el contrario, es muy probable que la falta de un sueño de calidad (énfasis en «calidad») tenga un impacto negativo en todo lo relacionado con nuestras vidas, tanto desde el punto de vista físico como emocional. El sueño es necesario para mantener nuestros cuerpos y cerebros saludables y funcionando de la mejor manera. Aquellas personas que no duermen bien pueden experimentar problemas de memoria y de concentración, inmunodepresión y cambios de humor.

La fase de sueño REM (por *rapid eye movement*, «movimiento ocular rápido»), en la que los ojos se mueven de un lado a otro detrás de los párpados, activa el sistema nervioso simpático, también conocido como de respuesta de «lucha o huida» a los factores estresantes externos. Durante esta fase, el pulso, la temperatura corporal, la respiración y la tensión arterial se elevan a los niveles diurnos.

Se cree que la fase REM ayuda al cerebro a eliminar el desorden de información que ya no necesita. Por ello, aquellas personas que carecen de sueño REM pierden esta ventaja. Practicar yoga orientado a mejorar el sueño antes de acostarse es otra forma de despejarse mentalmente, eliminando la tensión almacenada en el cuerpo y aportando claridad a la mente.

Hablemos de la melatonina y los ritmos circadianos

La melatonina es esencial para regular los ritmos circadianos. Nuestro organismo mantiene estos ciclos de veinticuatro horas para funcionar de manera correcta. Si bien los ritmos circadianos parecen similares a la idea de un reloj biológico, no son lo mismo. De todos modos, los relojes biológicos, que son un sistema regulador interno e innato de los ciclos vitales, funcionan en todos los organismos vivos, actuando, en parte, como dispositivos de control del tiempo naturales que influyen en los ritmos circadianos.

Tanto nuestros relojes biológicos como los ritmos circadianos pueden cambiar y adaptarse, dependiendo de los cambios estacionales y de las necesidades cambiantes de nuestro cuerpo a medida que envejecemos. Tu ritmo circadiano también afecta a muchos de tus procesos biológicos, incluidos el funcionamiento de tu sistema inmunitario y su salud física y mental en general.

Uno de los factores externos más importantes que influyen en los ritmos circadianos es la exposición a la luz. Históricamente, los ritmos circadianos estaban por completo alineados con los ciclos del sol. El cuerpo humano se levanta de forma más natural con el sol por la mañana y se relaja para dormir con la puesta del sol por la noche. Sin embargo, esto era antes de la invención de la luz artificial y los aparatos electrónicos.

El ritmo circadiano y su impacto en un sueño saludable

Los ritmos circadianos son responsables de regular el ciclo de sueño y vigilia. Tu cerebro produce menos melatonina durante la mañana y el día, y más por la tarde y por la noche. Cuando todo funciona de la manera correcta, es probable que experimentes mayores niveles de alerta durante el día. Y a la inversa, es posible que experimentes mayores niveles de somnolencia a medida que avanza la noche y se acerca la hora de acostarse.

Un ritmo circadiano interrumpido se puede relacionar con una interrupción del sueño. A su vez, esto puede contribuir a los trastornos del sueño, como privación del sueño, trastorno de la fase de sueño retrasada y somnolencia diurna excesiva. El trastorno de la fase de sueño retrasada, o síndrome de la fase de sueño retrasada, es simplemente como suena: cuando una persona tiene un retraso del sueño de dos o más horas, esto hace que resulte aún más difícil despertarse al día siguiente.

Del mismo modo que tu ritmo circadiano juega un papel vital para lograr una buena noche de sueño, una buena noche de sueño es asimismo importante para regular y mantener un ritmo circadiano saludable. Cualquier anormalidad en el ciclo puede actuar como un trastorno que no sólo puede arruinar tu descanso, sino también alterar el equilibrio de tu organismo. La vida moderna, a menudo repleta de dispositivos digitales y gobernada por ellos en lugar de por el ritmo natural y la luz del sol, nos pone en riesgo de interrumpir el flujo natural de los ritmos circadianos, saboteando así nuestro funcionamiento. Profundizaremos en los ejercicios de desintoxicación digital en el capítulo 16, donde trataremos el impacto de la luz azul sobre la glándula pineal y su producción de melatonina.

Pero tienes un buen punto a partir del cual comenzar: haz que una hora o dos antes de irte a dormir sea un momento sagrado en el que evites la interacción con tus dispositivos digitales tanto como sea posible. Durante este tiempo, guarda tu teléfono móvil preferiblemente en otra habitación y apaga todos tus otros dispositivos digitales. Esto incluye la televisión, la tableta, el libro electrónico y cualquier otra cosa que tenga una pantalla.

En su lugar, escoge un libro, una revista, un periódico o cualquier otra forma de entretenimiento que no te exponga al daño potencial de las emisiones de luz azul. También puedes optar por practicar una secuencia suave de yoga, dar un paseo relajado o darte un baño... cualquier cosa que te ayude a relajarte sin conectividad electrónica. Después de todo, ¿no pasamos demasiado tiempo atados a las pantallas y a la conectividad constante en nuestra vida de vigilia? Minimizar el tiempo de pantalla puede marcar una diferencia significativa en tus patrones de sueño y reforzar el poder curativo de tu glándula pineal.

Suplementos de melatonina

Analicemos ahora la melatonina y su empleo como suplemento. Si bien la glándula pineal produce melatonina de forma natural en el organismo, es probable que hayas oído hablar de su disponibilidad como suplemento. El nivel en sangre de melatonina producida de manera natural es más elevado durante la noche. Esto, a su vez, ayuda a facilitar la transición a un sueño efectivo y productivo. Sin embargo, si notas que tu producción de melatonina natural es deficiente, un suplemento puede ser una herramienta útil para dormir mejor por la noche. Algunas investigaciones sugieren que tomar suplementos de melatonina puede ser útil para prevenir, tratar y aliviar algunos de estos trastornos del sueño:

- Trastorno de la fase de sueño retrasada.
- Insomnio.
- *Jet lag* (síndrome del cambio rápido de zona horaria).
- Despertar repetido.
- Problemas para permanecer dormido.
- Problemas para conciliar el sueño.

Por lo general, los suplementos de melatonina son seguros para su empleo a corto plazo. Uno de sus beneficios es que, a diferencia de muchos otros tipos de medicamentos para dormir, sobre todo aquellos que requieren receta médica, es poco probable que creen dependencia. La mayoría de las personas tampoco experimenta al día siguiente los efectos nebulosos de una resaca.

Entre los efectos secundarios más comunes de los suplementos de melatonina se incluyen dolor de cabeza, mareos, náuseas y somnolencia. Otros efectos secundarios mucho menos comunes son depresión a corto plazo, temblores leves, ansiedad leve, calambres abdominales, irritabilidad, disminución del estado de alerta, confusión o desorientación y presión arterial anormalmente baja (hipotensión).

El uso de suplementos de melatonina puede provocar somnolencia durante el día, así que no conduzcas durante las cinco horas posteriores a la toma del suplemento. Potencialmente, los suplementos de melatonina también pueden interactuar con varios fármacos, como anticoagulantes y antiplaquetarios, anticonceptivos e inmunosupresores. Si estás considerando tomar suplementos de melatonina, consulta primero con tu médico de cabecera.

Se ha demostrado que el aumento en la producción de melatonina mejora la eficiencia del sueño y también se ha comprobado que determinados alimentos pueden ayudar a mejorar la producción de melatonina. Si bien los suplementos de melatonina aumentan la función productora de melatonina de la glándula pineal, existen alternativas si prefieres tomar una ruta natural. Para mejorar y aumentar la capacidad de la glándula pineal para producir melatonina, intenta aprovechar los métodos naturales que potencian su función, como seguir una dieta saludable.

En cualquier esfuerzo por descalcificar la glándula pineal y eliminar obstrucciones es imprescindible desintoxicar la glándula. Esto puede ayudar a despertar el *chakra* del tercer ojo. La desintoxicación es sobre todo importante porque la barrera hematoencefálica no protege la glándula pineal, lo que hace que sea vulnerable a las toxinas dañinas presentes en el torrente sanguíneo.

El flúor en su forma sintética es una toxina que puede debilitar y afectar negativamente a la glándula pineal, así como a otros órganos. Un aumento de flúor, proveniente, por ejemplo, del dentífrico o del agua del grifo, puede hacer que la glándula pineal se endurezca o se calcifique. Esto, a su vez, puede provocar una disminución en la producción de melatonina e interrumpir el ciclo de sueño y vigilia.

Para evitar que suceda esto, considera suspender por completo el uso de cualquier dentífrico que contenga flúor, que pueda calcificar los dientes o ser absorbido por el torrente sanguíneo y, finalmente, llegar a la glándula pineal. Cambiar a una fórmula sin flúor que utilice ingredientes más naturales puede ayudar a minimizar los riesgos de una absorción excesiva de flúor en el organismo o de una acumulación en los dientes. También intenta utilizar sólo agua filtrada tanto para beber como para cepillarte los dientes, para erradicar así la ingesta excesiva de flúor.

Para desintoxicar aún más la glándula pineal, sigue el viejo dicho de «eres lo que comes». Optar por una dieta a base de alimentos integrales sin procesar que excluya la mayor cantidad posible de azúcares y de productos lácteos y se centre en el poder de las plantas, la medicina de la naturaleza, puede reforzar tu salud en general, incluida la de tu glándula pineal. Los alimentos de origen vegetal también pueden ayudar a incrementar los niveles de oxígeno y reforzar la función inmunitaria. Comer y mantener una dieta equilibrada y saludable que integre alimentos ricos en magnesio y melatonina puede mejorar y estimular la función principal de la glándula pineal de producir melatonina. Se cree que el magnesio ayuda a mejorar el sueño y puede ayudar a aliviar el insomnio.

Los alimentos que permiten dormir mejor son ricos en nutrientes esenciales tales como proteínas, biotina (vitamina B7), selenio, magnesio y melatonina. Éstos incluyen verduras de hoja verde, cúrcuma, tamarindo, granos de cacao, vinagre de sidra de manzana, remolacha, huevos, pescado, frutos secos como las nueces de Brasil, setas como el *reishi*, cereales, frutas como el kiwi y legumbres o semillas germinadas. Algunos estudios han demostrado que la melatonina estimula muchas bioactividades, como la actividad antioxidante, las características antiinflamatorias, el aumento de la inmunidad, la actividad anticancerígena, la protección cardiovascular y las actividades antidiabética, antiobesidad, neuroprotectora y antienvejecimiento.

Para facilitar aún más la eliminación de toxinas, la descalcificación y una renovación más eficaz de los tejidos, los alimentos ricos en yodo pueden ayudar a eliminar los metales pesados y el flúor.

Estrés y sueño: un ciclo complejo

El sueño –o su ausencia– y el estrés suelen ir de la mano. Y el estrés puede ser el culpable de un amplio abanico de otros problemas de salud. Además de causar confusión general sobre la mente y el cuerpo, el estrés puede conducir a una producción retrasada o alterada de los niveles de melatonina necesarios para una noche de sueño adecuada.

Por suerte, hay maneras de detener el estrés en seco. Una rutina de yoga antes de acostarse, por ejemplo, ayudará a tranquilizar la mente, calmar la ansiedad e inducir el estado de calma y relajación necesario para pasar una buena noche de descanso. Otras rutinas nocturnas que calman la mente incluyen la meditación (página 44), llevar un diario (página 89), la práctica de la gratitud (página 81), las afirmaciones positivas o mantras (página 57), los rituales de autocuidado (página 100) y la desintoxicación digital (página 114). Como suele ser cierto, si podemos desconectar y descansar, nuestros sistemas pueden reiniciarse.

Con independencia de que sólo se perciba o provenga de un agresor externo real, el estrés se manifiesta con las mismas respuestas físicas dentro del organismo. Cuando se activa el sistema nervioso simpático del cuerpo, la respuesta física pasa al modo de lucha o huida. El estrés hace que el organismo produzca más cortisol, que es el catalizador para la liberación de citoquinas proinflamatorias, proteínas que actúan como mensajeros entre las células. Las citoquinas regulan funciones tales como la respuesta inflamatoria, a veces estimulándola, y en ocasiones suprimiéndola.

De todos modos, es necesario cierto nivel de estrés para que muchos procesos del sistema nervioso físico, como los de los sistemas nervioso simpático y parasimpático, respondan y funcionen de manera adecuada.

Una práctica de autocuidado puede tranquilizarte, calmarte y liberarte para pasar una noche de sueño reparador. Completando y practicando las actividades que siguen, puedes aprender a activar y regular la función de tu glándula pineal, despertando así tu energía y desbloqueando los *chakras*, incluido el *chakra* del tercer ojo. Alcanzar un nivel más alto de conciencia y conocimiento a través de los procesos de desintoxicación y descalcificación puede conducir a una vibración reforzada de tu energía y más claridad en tus pensamientos y tu intuición. Entonces podrás experimentar con plenitud todos los momentos con atención plena y estar presente en el ahora.

CAPÍTULO 2

DESPIERTA, DESBLOQUEA Y LIBERA LOS *CHAKRAS*

Examina tus vórtices de energía

Aparte de su responsabilidad principal en la producción de melatonina, la glándula pineal también está vinculada al poderoso centro de energía conocido como el *chakra* del tercer ojo.

La conexión entre el *chakra* del tercer ojo y la glándula pineal es importante porque ambos actúan como portales a la consciencia y la claridad de la intuición. Un *chakra* del tercer ojo activado trae consigo sabiduría y una conciencia vívida y enfocada. Cuando se despierta, el *chakra* del tercer ojo puede cultivar una percepción y una visión mejoradas, junto con la capacidad de conectarse y trascender a un estado concentrado de consciencia.

Los *chakras*, también conocidos como centros de energía, actúan como vórtices. Para nuestra salud, tanto de nuestro cuerpo físico como de nuestras respuestas emocionales, resulta esencial un flujo de energía fácil y cohesivo, y los *chakras* actúan como vías para liberar todo nuestro poder y nuestras posibilidades.

Los *chakras* se remontan a los textos más antiguos y sagrados de la antigua cultura india en el sur de Asia: los Vedas. Estos textos antiguos fueron escritos en idioma sánscrito y la palabra «chakra» proviene de la palabra sánscrita para «disco» o «rueda». Los *chakras* son una parte clave de las antiguas prácticas de curación védicas. En la práctica de la medicina ayurvédica, que evolucionó a partir de los Vedas, cualquier enfermedad, dolencia, aflicción o congestión del cuerpo físico o de su interior se considera un bloqueo energético arraigado en uno o más *chakras*.

Cada *chakra* se correlaciona con un color o una tonalidad de color. Aprenderemos qué significan estos colores y por qué los campos energéticos de los *chakras* se dirigen hacia arriba. Analizaremos la energía única de cada *chakra*, así como también cómo cada uno de ellos se relaciona, directa (como con el *chakra* del tercer ojo) o indirectamente, con la glándula pineal y su función.

EJERCICIO DE EXPLORACIÓN DE LOS *CHAKRAS*

Antes de profundizar en las complejidades y energías únicas de cada *chakra*, analicemos cómo se sienten las energías sutiles de los *chakras*.

- Comienza tumbándote bocarriba.
- Frótate ligeramente las manos y luego aplaude con tranquilidad varias veces para activar el poder del tacto.
- Cierra los ojos. Esto te ayudará a sintonizar con tu universo interior y a ponerte en contacto con tu conciencia interna e intuitiva.
- Coloca tu mano derecha sobre la parte más baja de la región inguinal, donde se encuentra el *chakra* raíz.
- Separa poco a poco la mano del cuerpo, a unos 30 centímetros de distancia, y entonces vuélvela a acercar muy lentamente hasta que puedas sentir la energía que irradia tu cuerpo. Algunas personas pueden notar que resulta molesto; otras, que es suave, y aún otras que es calmante.
- En silencio o en voz alta, formúlate preguntas sobre este ejercicio. ¿Cómo se siente esta energía? ¿Se siente suave, punzante, cálida, fría, absorbente, relajante o de una manera por completo diferente? ¿Puedes sentir otras cualidades en esta energía? ¿La energía fluye cerca o más bien lejos de tu cuerpo?
- Repite este proceso para cada uno de los *chakras* en sus localizaciones específicas.

- *Chakra* del sacro: encima de la pelvis.
- *Chakra* del plexo solar: encima del plexo solar, justo por debajo de donde se separan las costillas.
- *Chakra* del corazón: en el centro del pecho.
- *Chakra* de la garganta: justo en el centro de la garganta.
- *Chakra* del tercer ojo: en el centro de la frente, justo encima y entre las cejas.
- *Chakra* de la corona: justo en el punto más alto de la cabeza.
- También es posible que quieras repetir todo el proceso por segunda vez con la mano izquierda para ver si sientes algo diferente. Asegúrate de limpiar y reactivar tus manos antes de hacer la segunda secuencia.
- Abre poco a poco los ojos, devolviendo tu conciencia al espacio físico que te rodea.

CHAKRA RAÍZ O MULADHARA

El *chakra* raíz, conocido en sánscrito como *chakra muladhara*, está conectado con el color rojo. En sánscrito, *muladhara* se traduce como «raíz» o «soporte», y se cree que en este *chakra* reside la energía sexual masculina en el cuerpo. Situado en la base de la columna vertebral, aquí es donde se considera que se origina la energía, por lo que podría decirse que es uno de los *chakras* más importantes.

El *chakra* raíz está asociado con el elemento tierra y el sentido del olfato. Está conectado con la naturaleza animal más primaria y la necesidad de sobrevivir, y gobierna los pies, las piernas, el perineo y el recto. El *chakra* raíz también es el que vibra de un modo más lento de todos los *chakras*.

El *chakra* raíz es el centro de la estabilidad y, por lo tanto, cuando está desalineado, puedes sentirte ansioso, nervioso o incluso mareado. Si va a toda máquina, puedes sentirte estancado en tus relaciones más importantes. Cualquiera de estos dos extremos puede ser muy perturbador, y hacerte sentir como si tu vida estuviera desarraigada.

Para equilibrar este *chakra*, concéntrate en la conexión con la tierra o *grounding*. Si bien estar conectado con la tierra parece simple, podría decirse que es más complejo y complicado de lo que la mayoría de la gente cree. La conexión con la tierra también es el principal desafío para muchos émpatas y trabajadores de la energía. Ser incapaces de conectarnos con la tierra puede dificultar que manifestemos nuestros deseos de manera efectiva o rápida. (Consulta la página 111 para realizar un ejercicio de conexión con la tierra).

Aprender a involucrar los *chakras* inferior y superior al mismo tiempo para recibir orientación y canalizar la intuición nos permitirá comprender, integrar y llevar estas visiones de manifestación a una forma encarnada. Analizaremos más el poder de la manifestación en el capítulo 6: El poder de las afirmaciones y creencias positivas, y en el capítulo 7: Manifestarse con el poder de la luna.

El *chakra* raíz está conectado de un modo indirecto con la glándula pineal, pero esto no significa que la energía de este *chakra* no tenga un impacto en la glándula pineal y su función. Dado que el *chakra* raíz literalmente nos arraiga en la tierra, este *chakra* tiene que ver con la encarnación física, la vitalidad general y la buena salud, las influencias fundamentales, la seguridad y la capacidad de manifestarse con éxito.

Dado que el *chakra* raíz actúa como base, este centro de estabilidad y fuerza es importante para mantener el equilibrio y el alineamiento, tanto física como mentalmente. Estar equilibrado estabilizará las funciones del cuerpo físico y su regulación, incluida la de la glándula pineal. Cuando este *chakra* está desequilibrado, puede acabar desequilibrando el funcionamiento de la glándula pineal y de otros sistemas.

EXPLORA LA ENERGÍA DE TU *CHAKRA* RAÍZ

Aprovechar la energía de tu *chakra* raíz puede ayudarte a conectar con la energía del elemento tierra.

- Cierra los ojos y prepárate para llevar a cabo una actividad de visualización.

- Imagínate como una enorme secuoya, erguida, enraizada y encarnada en tu poder natural.
- Siéntete como si fueras alto, robusto y anclado con las raíces en la tierra.
- Visualiza tus pies como embebidos en los nutrientes de la tierra.
- Realiza diez o más respiraciones profundas, imaginando el olor de la tierra con cada una de ellas.
- Cuando te sientas preparado, abre poco a poco los ojos, devolviendo tu conciencia al espacio físico que te rodea.

CHAKRA DEL SACRO O *SVADHISTHANA*

El segundo *chakra* es el *chakra* del sacro, o *svadhisthana* en sánscrito, y está vinculado con el color naranja. El *chakra* del sacro reside entre los órganos reproductores, en el centro de la parte inferior del abdomen y la pelvis. Dada su localización, este *chakra* representa la fuerza vital del potencial creativo, el dominio de la creación y la procreación, junto con las manifestaciones del futuro. El *chakra* del sacro gobierna las áreas de los órganos reproductores, moviéndose desde el cuenco pélvico hasta el ombligo.

El *chakra* del sacro está asociado con el elemento agua y el sentido del gusto. Piensa en él como lo opuesto al *chakra* raíz: una fuente de estabilidad, quietud y organización, mientras que el otro es una fuente de fluidez, movimiento y cambio.

Se cree que el *chakra* del sacro es el asiento de nuestro femenino divino, y este lugar de nacimiento de la creación surge de las caderas. Es el espacio desde el cual hombres y mujeres por igual dan a luz todo, desde las relaciones hasta la curiosidad, el deseo, la alegría y la intimidad.

Si este *chakra* está bloqueado o tiene dificultades para girar, tu sentido del potencial creativo se bloquea. Tu vitalidad y tu felicidad dependen de la claridad de este *chakra*. Y dado que es el *chakra* que da vida a la creación, cualquier bloqueo también puede dificultar la función de la glándula pineal y la fabricación de melatonina. Por otro lado, un *chakra* del sacro alineado y bien equilibrado aporta fuerza vital y potencial creativo, incluido el de una glándula pineal de alto nivel funcional y debidamente regulada.

EXPLORA LA ENERGÍA DE TU *CHAKRA* DEL SACRO

- Cierra los ojos e imagina una fuerza fluida que se mueve poco a poco, como el agua que baja por un río o la lava que fluye por la ladera de un volcán.
- Siente como si estuvieras resplandeciendo con el flujo naranja de la lava o el calor del agua.
- Visualízate moviéndote con fluidez, serpenteando de manera sensual por el terreno.
- Siente que te mueves con facilidad a pesar de la existencia de obstáculos en tu camino.
- Siente la energía fluida mientras inspiras y espiras profundamente.
- Después de diez o más respiraciones profundas, abre poco a poco los ojos, volviendo a llevar tu conciencia al espacio físico que te rodea.

CHAKRA DEL PLEXO SOLAR O *MANIPURA*

Localizado en el centro del torso por encima del ombligo y justo debajo de donde se separan las costillas, el *chakra* del plexo solar se conoce en sánscrito como el *chakra manipura*. *Manipura* significa «gema brillante», y es el lugar desde el que brilla tu energía e irradia tu sentido de la autoestima. El *chakra* del plexo solar se encuentra a unos dos dedos por encima del ombligo y rige el abdomen y la mayoría de los órganos digestivos. Este *chakra* está vinculado con el color amarillo.

El *chakra* del plexo solar es el centro de confianza y poder. Este *chakra* también está relacionado con la motivación, la identidad y el ego. El *chakra* del plexo solar se correlaciona con el elemento fuego y el sentido de la vista, lo que lo vincula indirectamente con el *chakra* del tercer ojo y la glándula pineal. El *chakra* del plexo solar es el centro de nuestra intuición y la toma de decisiones. En este *chakra* experimentamos nuestros «sentimientos viscerales» y los instintos internos intuitivos. La ciencia ha demostrado que puede haber células cerebrales en nuestro estómago y a veces el microbioma intestinal se denomina segundo cerebro.[1]

Cuando el *chakra* del plexo solar está alineado, bien equilibrado y en equilibrio con los otros *chakras*, te permite sentirte capaz, confiado y empoderado. El *chakra* del plexo solar es clave tanto para la manifestación como para la humildad. El elemento fuego en este *chakra* proporciona al cuerpo físico la energía necesaria para digerir ideas (y alimentos), y nos brinda seguridad en nosotros mismos y motivación para lograr nuestros objetivos. Dado que el *chakra* del plexo solar es el asiento de tu voluntad y poder personal, si es fuerte y está alineado, sentirás que controlas tu cuerpo físico, incluida la regulación de la glándula pineal, y tus emociones. En cambio, si este *chakra* es débil o está desequilibrado, puedes experimentar confusión e indecisión junto con fatiga crónica.

ANALIZA LA ENERGÍA
DE TU *CHAKRA* DEL PLEXO SOLAR

- Cierra los ojos e imagina que eres el sol, que brillas intensamente y con fuerza, irradiando una luz y un calor inmensos desde tu *chakra* del plexo solar.
- Siente este poder y la forma en que irradia y brilla.
- Recuérdate que eres una fuente de energía y que tu energía se expande y permite que las cosas crezcan.

1. Johns Hopkins Medicine: «The Brain-Gut Connection». Acceso el 8 noviembre de 2021. Disponible en: www.hopkinsmedicine.org/health/wellness-and-prevention/the-brain-gut-connection.

- Experimenta la sensación de iluminar con una luz brillante sobre todas partes.
- Disfruta las sensaciones de esta plenitud de tu luz brillante y de ligereza en tu sentido de existencia mientras inspiras y espiras, total y completamente.
- Después de diez o más respiraciones profundas, abre poco a poco los ojos, volviendo a llevar tu conciencia al espacio físico que te rodea.

CHAKRA DEL CORAZÓN O *ANAHATA*

Conocido en sánscrito como el *chakra anahata*, el *chakra* del corazón está conectado con el color verde. Este *chakra* es el centro del universo de energía de tu cuerpo y regula el flujo de energía, del mismo modo que tu corazón físico regula el flujo de sangre. Este *chakra* está situado junto al corazón físico y contiene la dualidad de la angustia y el amor profundo.

Este *chakra* controla la capacidad para resistir, sanar y ayudar. También es el centro de compasión y empatía. Cuando este *chakra* está bien alineado, eres capaz de dar y recibir amor fácil y abiertamente. Podría decirse que el amor es la única fuerza que eleva nuestra consciencia a un estado más elevado de experiencia y conocimiento. La energía del amor contiene y comparte vibraciones que impactan en todas las células de nuestro organismo e irradian hacia quienes nos rodean.

El *chakra* del corazón está ubicado en medio del pecho y gobierna los pulmones y el diafragma, además del corazón, los brazos y las manos. Por este motivo, el *chakra* del corazón se asocia con el elemento aire y el sentido del tacto. Este *chakra* está relacionado con la gratitud, el perdón, la compasión, la empatía, el amor y la sanación, que lo vinculan con el poder de la glándula pineal para regular la melatonina necesaria para conseguir unos niveles saludables y curativos de sueño.

El *chakra* del corazón es el punto de equilibrio entre los tres *chakra*s físicamente orientados y situados por debajo, y los tres *chakras* orientados a nivel espiritual y situados por encima. El *chakra* del corazón actúa como un puente que une el cuerpo y la mente, la lujuria y la razón, lo terrenal y lo divino. *Anahata* se puede traducir como «intacto» o «ileso». Este *chakra* es el centro de equilibrio dentro de nosotros que no puede ser sacudido.

Como el *chakra* del corazón es el centro a través del cual sanamos, la energía restauradora se mueve por nuestros brazos y manos, lo que nos permite curarnos a nosotros mismos y a los demás a través del poder del tacto o mediante trabajos de energía como el *reiki*. El *chakra* del corazón busca y siente las conexiones y los puntos en común entre los objetos físicos y las experiencias emocionales. Esto permite que la energía del *chakra* se mueva desde el centro del corazón y cree un lugar de aceptación, compensando los elementos de los sentimientos transitorios y equilibrando las emociones.

Un *chakra* del corazón sano y en equilibrio se parece mucho a la energía amorosa y consciente de lo divino, lo que nos permite prosperar en las relaciones amorosas. Puedes emplear estos poderes de ecuanimidad para mejorar las capacidades sanadoras de la glándula pineal y mantenerla funcionando al máximo.

EXPLORA LA ENERGÍA DE TU *CHAKRA* DEL CORAZÓN

- Cierra los ojos y visualiza una pradera densa y exuberante dentro de un bosque.
- Aspira la intensidad de la hierba verde, el olor de las flores y las plantas, y el oxígeno esencial del aire del bosque.
- Siente el amor sanador de la quietud de la naturaleza y tu entorno.
- Abraza esta dulce y amorosa energía mientras inspiras y espiras profundamente al menos diez veces.
- Después de diez o más respiraciones profundas, abre poco a poco los ojos, volviendo a llevar tu conciencia al espacio físico que te rodea.

CHAKRA DE LA GARGANTA O *VISHUDDHA*

El *chakra* de la garganta –o, en sánscrito, *vishuddha*– está representado por el color azul, y desempeña un papel clave en nuestra creatividad, comunicación y autoexpresión. Este *chakra* está vinculado con la confianza, nuestra voz y nuestra capacidad para articular con claridad nuestros pensamientos e ideas.

Hablar nos permite transmitir nuestra verdad y sabiduría interior, nuestras ideas y nuestras emociones. Al abrir el *chakra* de la garganta, podemos compartir de manera abierta y libre nuestra verdad con los demás.

El *chakra* de la garganta se encuentra en la laringe y en el centro de la garganta. El *chakra* de la garganta gobierna el área que se extiende desde la base del cuello hasta las orejas. Si este *chakra* está desequilibrado, pueden aparecer problemas tales como la sensación de «bloqueo» en la articulación mandibular u otros bloqueos en la comunicación. Y cuando nuestro cuerpo físico no puede comunicarse de manera eficiente con el cerebro y el espíritu, la funcionalidad de la glándula pineal puede verse afectada.

Si el *chakra* de la garganta está bloqueado, podemos tener dificultades para comunicarnos. Los desequilibrios en el *chakra* de la garganta también pueden provocar miedo o ansiedad al hablar y expresar pensamientos, dolor de garganta o laringitis, y trastorno de la articulación temporomandibular. Un *chakra* de la garganta alineado puede reforzarse mediante prácticas sanadoras tales como el yoga, estiramientos de cuello, prácticas de respiración de *pranayama* o respiración del león, trabajos de vibración de sanación, o escribir un diario. También puedes colocar piedras de *chakra* o piedras preciosas azules en la garganta y los lados del cuello mientras practicas yoga, meditación o trabajos de vibración de sanación, o escribes un diario.

EXPLORA LA ENERGÍA
DE TU *CHAKRA* DE LA GARGANTA

- Cierra los ojos e imagínate que estás rodeado por las vibraciones y los sonidos de una magnífica sinfonía.
- Siente la ola de sonidos y vibraciones complementarios desplazándose en un movimiento sincronizado.
- «Escucha» internamente esta orquesta de sonidos y vibraciones.
- Haz diez o más rondas completas de inspiraciones y espiraciones.
- Abre poco a poco los ojos, devolviendo tu conciencia al espacio físico que te rodea.

CHAKRA DEL TERCER OJO O *AJNA*

Correlacionado con los colores púrpura e índigo, el *chakra* del tercer ojo se conoce en sánscrito como el *chakra ajna*. Este *chakra* del tercer ojo es importante para nuestra actitud receptiva, nuestra imaginación y nuestra centralidad, así como para la conexión entre nuestras naturalezas física y espiritual. Dado que el *chakra* del tercer ojo está ubicado cerca de los nervios ópticos, conecta con auras y campos de energía, ayudándonos a sentir, o «ver», lo intangible.

El *chakra* del tercer ojo se encuentra entre y ligeramente por encima de las cejas, y regula el área que se extiende desde los senos paranasales hasta la parte superior de la cabeza. Este *chakra* está relacionado con el sexto sentido, la intuición y la luz. Aporta una visión expandida y una percepción sensata, clara y equilibrada tanto en el interior como en el exterior.

En sánscrito, *ajna* significa «percibir» o «mandar», y, dado que es el último de tus *chakras* encarnados, actúa como el punto de observación más alto y más sabio. Piensa en el *chakra* del tercer ojo como tu centro de comando más alto o tu estado mental más elevado, un lugar desde el cual evaluar tu energía y establecer la claridad para tomar decisiones clave.

El *chakra* del tercer ojo es el único lugar físico en el cuerpo donde se disuelven tus percepciones de dualidad. En él, se fusionan los canales de energía masculino y femenino –*pingala* e *ida*– para convertirse en una unidad singular. En consecuencia, aquí también es donde los dos hemisferios del cerebro se sincronizan y trabajan juntos para ver patrones en detalle y puntos de vista amplios. Es el hogar del conocimiento interior, de la imaginación y de la naturaleza superior.

El *chakra* del tercer ojo tiene muchísimas capacidades, muchas de las cuales analizaremos con mayor detalle a lo largo de este libro. El *chakra ajna* es de suma importancia para muchas facetas de nuestro ser:

- Intuición.
- Amplitud de miras.
- Imaginación.
- Centralidad.
- Conexión entre nuestras naturalezas física y espiritual.
- Auras.
- Regulación de los biorritmos, incluidos los ciclos del sueño.
- Conexión con nuestros otros *chakras*, junto con activación de la clarividencia, de las habilidades psíquicas, de la intuición, de la perspicacia y de la percepción paranormal.
- Comunión con lo intangible.

Cualquier bloqueo de este *chakra* del tercer ojo puede manifestarse de varias maneras perjudiciales, como sentirse atorado, tener una sensación de malestar borroso y poco definido, o no ser capaz de tener una visión amplia y general de un problema.

Si alguno de tus *chakras* está desequilibrado o bloqueado, puedes sentirte estancado. En estos casos, ¿cómo puedes recalibrar tu flujo y tu equilibrio? En primer lugar, debes evaluar tu alineamiento. Practica el ejercicio de exploración de los *chakras* de la página 15 para evaluar el flujo de tus *chakras*.

Cuando notes que te falla la intuición, te sientas triste o perezoso, o seas incapaz de dormir, es probable que sea un indicador de un desequilibrio del *chakra* del tercer ojo. En los siguientes capítulos exploraremos ejercicios para corregir, restaurar y mantener el *chakra ajna* para acceder al poder sanador de la glándula pineal y liberarlo por completo. Estos ejercicios incluyen la integración de prácticas conscientes en tu vida diaria, tales como el yoga, la meditación, la sanación con piedras preciosas, la visualización, el empleo de hierbas y aceites esenciales, el establecimiento de intenciones, la manifestación, los rituales de autocuidado, los rituales de unción y de luna, o la desintoxicación digital, entre otras actividades.

Adoptar este enfoque integrado que se centra en la sanación holística y la alineación de los *chakras* nos permite utilizar herramientas que ofrecen frecuencias o vibraciones alternativas, recurriendo a los cambios necesarios para cambiar, redirigir o transformar nuestro flujo de energía para sanar el *chakra* afectado.

La energía está presente en nuestro interior en todo momento, pero gran parte de esa energía permanece latente, esperando que la despertemos y la activemos. La energía se mueve con más fuerza una vez que se activa.

Como el *chakra* del tercer ojo es de proyección, la visualización y la creencia también juegan un papel importante. Por suerte, nuestras mentes son poderosos procesadores, y el dicho «la mente domina la materia» tiene mucho de verdad. Al desintoxicar y desbloquear el *chakra* del tercer ojo utilizando los ejercicios de los siguientes capítulos, puedes aprender a aprovechar los canales de energía que hay en tu interior para crear una vida más sana, más feliz y plena.

Según los principios del ayurveda, el horario comprendido entre las diez de la noche y las dos de la madrugada se rige por el *pitta dosha*, que ayuda a recalibrar y renovar todos los sistemas principales del organismo. El *pitta dosha* le permite al cuerpo digerir todo, desde comida hasta información y emociones. La composición elemental del *pitta* consiste en fuego y agua: *pitta* se traduce con frecuencia como «aquello que digiere cosas». En la tradición ayurvédica, el *pitta dosha* es lo que nos permite digerir mental y biológicamente experiencias, así como elementos tangibles tales como los alimentos. El *pitta dosha* actúa como un medio para lograr experiencias transformadoras, tanto químicas como metabólicas. Cuando te saltas el sueño durante esta preciosa ventana de cuatro horas, te pierdes esta oportunidad vital de sanar.

Una buena noche de sueño es esencial para la manera en que tu cuerpo responde al mundo exterior. Otros beneficios incluyen lo siguiente:

- Disminución de la depresión.
- Reducción de la ansiedad.
- Disminución de la frecuencia cardíaca y de la presión arterial.
- Mayor resistencia al estrés.
- Aumento del optimismo.
- Mejora de la memoria.
- Mejora del metabolismo.

ANALIZA LA ENERGÍA DE TU *CHAKRA* DEL TERCER OJO

- Cierra los ojos y visualízate como la fuente original de energía de luz que brilla y fluye a través de todo.
- Invoca la sensación de estrellas mágicas y centelleantes en tu corazón y tu mente. Aquí tienes los dones de la perspicacia y la intuición.
- Siente y respira la cálida y expansiva luz interior de tu corazón y del *chakra* del tercer ojo.
- Inspira y espira profundamente al menos diez veces.
- Cuando te sientas preparado, abre poco a poco los ojos.

CHAKRA DE LA CORONA O *SAHASRARA*

El *chakra sahasrara*, también conocido como el *chakra* de la corona, se corresponde con el color violeta o, a medida que se expande hacia arriba en una pureza de energía ilimitada, con un tono blanco. A medida que la energía viaja hacia arriba, tanto a través del cuerpo como de los *chakras*, se convierte en una extensión de la fuente de energía. El blanco contiene todos los colores de luz, y la energía de dentro de este *chakra* alberga todas las demás energías presentes tanto dentro como fuera de los vórtices de nuestros *chakras*.

El *chakra sahasrara* es tu corona de conexión sagrada con lo divino. Este *chakra* se encuentra en la parte superior de la cabeza, desde donde emana un disco violeta brillante de luz protectora y energía compasiva. *Sahasrara* se traduce como «mil veces» y describe metafóricamente el loto de múltiples pétalos que reside en la corona. El *chakra* de la corona actúa como una encarnación de nuestra naturaleza pura, poderosa y espiritual.

Cuando este *chakra* esté abierto y funcionando, sentirás la conciencia de tu conexión con Dios, lo divino o el creador en un nivel íntimo. Si, por el contrario, este *chakra* está bloqueado o inactivo, puedes sentirte desconectado e inseguro de tu relación con estas fuerzas. Responder a la llamada del espíritu es poderoso y te permite decir sí al universo colectivo.

Un *chakra* de la corona equilibrado, estable y calmado se conecta con la glándula pineal aportando unidad, consciencia, conocimiento, sabiduría y la firme creencia y el sentido intuitivo de estar conectado con algo más profundo que nosotros mismos.

EXPLORA LA ENERGÍA DE TU *CHAKRA* DE LA CORONA

- Cierra los ojos. Visualiza tu ser como una matriz de energía que irradia por todo el universo.
- Siente como si existieras en un estado de total conciencia que se extiende más allá del espacio y el tiempo.
- Inspira y espira al menos diez veces mientras te visualizas como una luz blanca, pura y brillante que irradia hacia el universo.
- Cuando te sientas preparado, conectado y en paz, abre poco a poco los ojos a tu entorno.

Canaliza la conexión entre el *chakra* del tercer ojo y la glándula pineal

El *chakra* del tercer ojo es un poderoso centro de energía dentro del organismo y está conectado con la glándula pineal. El *chakra* del tercer ojo y la glándula pineal son portales a la consciencia y la claridad de la intuición.

Como hemos mencionado antes, un *chakra* del tercer ojo activado trae consigo sabiduría y una conciencia vívida y enfocada. Cuando se despierta, el *chakra* del tercer ojo puede cultivar una percepción y una visión mejoradas, así como la capacidad de conectarse y trascender a un estado concentrado de consciencia.

Los *chakras* son los vórtices de energía del cuerpo, y estos centros de energía determinan cómo, dónde y por qué fluye la energía dentro del cuerpo físico. Los *chakras* también canalizan y regulan tu cuerpo etérico, que es la primera capa o aura del cuerpo físico.

El modo en que fluye la energía controla la salud, la felicidad y la armonía, por lo que comprender, organizar y mejorar el flujo de energía puede reforzar el bienestar en todas las áreas de la vida. Los *chakras* actúan como puertas a la posibilidad y al poder.

Del mismo modo que se dice que los ojos son las ventanas del alma, el *chakra* del tercer ojo es la ventana tanto de nuestra intuición como de la claridad que aporta la sabiduría a nuestra intuición. Cuando se activa este *chakra*, es como si tus ojos estuvieran muy abiertos a todas las energías que te rodean, sintiendo completamente todos los colores y experiencias sensoriales disponibles en el entorno externo.

Por el contrario, cuando el *chakra* del tercer ojo está bloqueado, estás desenfocado, confuso e incapaz de percibir lo que te rodea. Puedes existir sin un *chakra* del tercer ojo despierto –muchas personas lo hacen–, pero ¿por qué querrías cerrar las puertas a las posibilidades que te rodean? Cuando comienzas a cuestionarte y a preguntarte sobre las profundidades de la vida y la consciencia, ha llegado la hora de abrir y activar este *chakra* para atraer a todos los elementos vívidos y maravillosos de la vida.

La sanación holística es un proceso que comienza desde dentro, conectando la mente con el cuerpo físico, así como con un sentido de comunidad con los demás. En los capítulos que siguen, aprenderemos a utilizar el poder de la glándula pineal y el *chakra* del tercer ojo para regular y armonizar la mente, el cuerpo y el espíritu. Cada capítulo presenta actividades, ejercicios y prácticas específicas para manejar, limpiar y clarificar el *chakra* del tercer ojo.

Esta guía está pensada para aportar equilibrio tanto a tu cuerpo físico como a tu mente emocional. Aprovecha el poder sanador de tu *chakra* del tercer ojo y activa todo el potencial del poder de tu glándula pineal con los ejercicios y las actividades de activación del flujo de energía que se muestran en los siguientes capítulos.

CAPÍTULO 3

PRÁCTICA DE YOGA PARA DORMIR MEJOR

Secuencias de yoga y posturas relajantes para dormir

«El yoga no sólo cambia la forma en que vemos las cosas; transforma a la persona que las ve».

B. K. S. IYENGAR

El yoga es una práctica poderosa que nos permite trascender más allá del simple movimiento de nuestro cuerpo físico; más bien, conecta nuestro cuerpo físico con nuestra mente y nuestro espíritu. Las posturas de yoga específicas pueden tener un impacto en la glándula pineal, en especial aquellas *asanas*, o posiciones, que trabajan directamente con la cabeza, como las inversiones.

La palabra «yoga» a menudo se traduce de sus orígenes sánscritos como «yugo» o unión de mente, cuerpo y alma. El yoga es una práctica antigua cuyos orígenes se remontan a miles de años en la India. En el mundo occidental, a menudo asociamos el yoga con el movimiento y el estiramiento. Sin embargo, en las ocho ramas (o caminos) del yoga, *asana* (las posturas) figura en realidad como la tercera, y no como la primera, en el camino de una práctica de yoga.

Los Yoga Sutras de Patanjali, el texto espiritual del antiguo sabio indio, están asociados con el formato clásico del yoga. En él, el yoga se explica como un camino de «ocho ramas» en el que el camino óctuple detalla las pautas para una vida resuelta y significativa de conducta moral y ética y de autodisciplina. El yoga es una práctica que cambia y evoluciona de continuo, variando cada vez que desenrollas tu esterilla.

Este camino de ocho partes se denomina *ashtanga* –un estilo de yoga con frecuencia practicado en Occidente–, que se traduce como «ocho ramas». *Ashta* significa «ocho», y *anga,* «ramas». El camino de ocho partes es una práctica para ayudarnos a tomar conciencia y mejorar la salud física y la naturaleza espiritual.

Las primeras cuatro etapas se enfocan en conseguir el dominio del cuerpo, desarrollar y refinar nuestra personalidad y abrirnos a una conciencia energética de nosotros mismos. Estas cuatro primeras ramas nos preparan para la segunda mitad del viaje; las últimas cuatro ramas están relacionadas con nuestros sentidos, nuestra mente y alcanzar un estado superior de consciencia y activación de nuestro ser energético y espiritual.

Las ocho ramas del yoga son las siguientes:

1. YAMA: éstas son pautas para aceptar los estándares éticos y de integridad. Los *yamas* se centran en nuestras propias conductas y en cómo nos comportamos en la vida.
- **AHIMSA:** no violencia.
- **SATYA:** honradez.
- **ASTEYA:** no robar.
- **BRAHMACHARYA:** continencia.
- **APARIGRAHA:** no codiciar o no ser envidioso.

2. NIYAMA: la segunda rama está relacionada con la observación espiritual y la autodisciplina. Practicar posturas y meditación de manera habitual, o asistir a misa o a la plegaria son buenos ejemplos para poner en práctica cotidianamente los cinco *niyamas*.
- **SAUCHA:** limpieza.
- **SAMTOSA:** contentamiento con lo que se tiene.
- **TAPAS:** fervor o austeridad espiritual.
- **SVADHYAYA:** estudio de uno mismo y de las escrituras sagradas.
- **ISVARA PRANIDHANA:** entrega a lo divino.

3. ASANA: ésta es la práctica de posturas de yoga con la finalidad de desarrollar la disciplina y la capacidad de atención y concentración.

El cuerpo es visto como un templo del espíritu, y mantenerlo en plena forma es esencial para el crecimiento espiritual.

4. **PRANAYAMA:** se suele traducir como «control de la respiración». Las técnicas de respiración en esta práctica están destinadas a dominar la función respiratoria mientras se mejora la interconexión de la respiración, la mente, el cuerpo y la emoción. Se cree que el *pranayama* alarga la vida.

5. **PRATYAHARA:** esta quinta rama es el retiro o la trascendencia de uno (o en potencia más) de nuestros sentidos al alejar de manera consciente la conciencia del mundo externo y la estimulación presente fuera de nuestro cuerpo. Dentro de esta práctica podemos cultivar el desapego, alejándonos para mirarnos internamente. Un ejemplo sería practicar posturas de yoga con los ojos vendados o con los ojos cerrados para concentrarte en lo que en ese momento sucede dentro, y no fuera.

6. **DHARANA:** el sexto miembro es la concentración o hacer uso de la práctica anterior de liberarnos de las distracciones externas. Ahora podemos enfrentarnos a las distracciones de la mente para aprender a ralentizar, calmar y enfocar el proceso de pensamiento.

7. **DHYANA:** esta séptima rama es la contemplación o meditación. Tenemos el flujo ininterrumpido de calma y concentración enfocada. Éste es el estado final de haber calmado la mente y tener pocos o incluso ningún pensamiento que interrumpa el estado de hiperconsciencia sin enfoque.

8. **SAMADHI:** la octava rama es éxtasis o dicha. Hemos llegado al punto de trascender el yo por completo mientras nos activamos y tomamos conciencia de nuestra conexión con lo divino, así como con la energía y el espíritu de todos los seres vivos.

Di «Om» a una mejor noche de sueño

Con independencia de que seas un noctámbulo o una persona madrugadora, acostarte siguiendo una rutina regular –una que incluya extender una esterilla de yoga– podría ayudarte a dormir mejor. Practicar posturas de yoga específicas, así como la filosofía y los conceptos del camino de las ocho ramas, puede ayudarte a limpiar y purificar tu glándula pineal y el *chakra* del tercer ojo. Combinar los elementos de respiración, incluido el canto del sonido sagrado del universo, «Om», en tus prácticas de *mindfulness*, yoga, meditación y autocuidado puede elevar tu vibración energética. A su vez, combinando estos elementos con movimientos sutiles, como articulaciones suaves de la columna vertebral, e integrando un pensamiento claro, calmado y lento, aprendemos a relajarnos, a reprogramarnos y a descansar en las zonas para dormir que tenemos delante.

He aquí algunos ejemplos de las muchas maneras en que el yoga puede mejorar tu rutina nocturna, lo que te permitirá disfrutar de una noche de sueño saludable:

- Ayuda a la función inmunitaria mejorada durante las horas nocturnas de reparación del organismo.
- Mejora la movilidad articular.
- Aumenta la flexibilidad.
- Fomenta la relajación.
- Calma tanto la mente como el cuerpo físico.
- Resetea el sistema nervioso.
- Recalibra el estado energético.
- Alivia la tensión muscular.
- Mejora la claridad de la mente.
- Crea presencia en el momento.
- Permite técnicas de respiración conscientes y enfocadas.
- Ralentiza la mente.

Tanto tu mente como tu cuerpo te agradecerán que te encamines a una buena noche de descanso sintiéndote suelto, ágil, relajado y tranquilo. Refuerza tu rutina a la hora de acostarte permitiendo que las posturas de yoga que comienzan en la página 32 te guíen a una noche pacífica y sanadora de sueño de calidad.

Secuencias de yoga para dormir

«La salud es un estado de completa armonía de cuerpo, mente y espíritu. Cuando uno está libre de discapacidades físicas y distracciones mentales, las puertas del alma se abren».

B. K. S. IYENGAR

Recalibra, reorganiza y resetea con una secuencia restauradora de posturas de yoga creadas pensando en dormir. El yoga restaurativo a menudo incluye la utilización de accesorios como cojines, mantas, bloques, correas y almohadas para dar apoyo y estabilidad adicionales. Practicar posturas de yoga restaurativas y alargar el tiempo que permanecemos en una posición mientras nos centramos en el acto de respirar puede ayudarnos a abrir las áreas que inconscientemente acumulan tensión cuando nuestro cuerpo físico reacciona ante el estrés.

El estrés, la rigurosidad y la tensión a menudo se manifiestan e nivel físico en nuestro cuerpo, en especial en las articulaciones principales, como los hombros, las articulaciones sacroilíacas y las caderas, así como en la parte posterior del cuerpo en zonas como los isquiotibiales. De hecho, las caderas a menudo se conocen como los «cajones de la basura emocional» del cuerpo, donde de manera inconsciente almacenamos tensión, mientras que la espalda y los isquiotibiales son otras regiones en las que podemos acumular tensión. Por culpa de las emociones a las que no nos queremos enfrentar ahora, podemos llegar a desplazar el estrés físico en la parte posterior del cuerpo, donde puede pasar desapercibido.

Integrar una práctica de yoga restaurativa en tu rutina previa a acostarte puede ayudar a despejar el desorden –creando tanto expansión física como amplitud mental de miras– en preparación para una noche de sueño reparador. Además, las inversiones relajantes, como poner las piernas en una pared, ayudan a aliviar el insomnio al calmar y reconfortar el sistema nervioso, mientras que los giros reclinados ayudan a los órganos de eliminación en su proceso de desintoxicación nocturna.

Las siguientes posturas se pueden practicar en orden secuencial o por separado: sigue lo que fluye y trabaja con tu cuerpo y tu mente en el momento presente. ¡Di «Namaste» (traducido como «la luz que está en mí saluda a la luz que está en ti») para tener dulces sueños y una noche de sueño relajado y reparador!

1. *BALANASA* (postura del niño)

- Comienza en el suelo con las rodillas dobladas debajo del cuerpo y las tibias presionando contra la esterilla.
- Dobla el torso hacia adelante, acercando al suelo lo máximo posible la parte superior del cuerpo y la cabeza. Visualiza tu frente tocando la esterilla delante de ti. Si lo deseas, coloca una almohada debajo de la frente.
- Extiende los brazos hacia delante junto a las orejas o apóyalos al lado del cuerpo, con las palmas hacia arriba para mostrar receptividad o hacia abajo para conectarte a tierra.

2. *UTTANASANA* (postura de la pinza de pie)

- Comienza quedándote de pie con los pies paralelos y manteniendo las piernas lo más juntas posible.
- Inclínate hacia adelante, colgando desde los flexores de la cadera, como si fueras a tocar las tibias con la frente.
- Presiona los talones hacia abajo con las piernas por completo estiradas a la vez que tiras de los isquiones hacia arriba. Mantén las rodillas ligeramente flexionadas si las sientes hiperextendidas.
- Intenta tocar las tibias con la frente.
- En la variación de la muñeca de trapo, agárrate los codos con la mano opuesta y deja que tu torso se balancee con suavidad de lado a lado, moviéndote desde las caderas.

3. *SUPTA VIRASANA* (postura del héroe reclinado)

- Comienza sentándote sobre las tibias. Coloca una almohada en la base del coxis.
- Separa los tobillos; utiliza las manos para separar los gemelos y siéntate entre ellos.
- Si es necesario, separa las rodillas hasta la anchura de las caderas.
- Túmbate sobre una almohada; utiliza otra almohada para apoyar en ella la cabeza y el cuello.

4. *SUPTA BADDHA KONASANA* (postura del zapatero reclinado)

- Comienza sentado con una almohada debajo del coxis.
- Dobla las rodillas en una postura de mariposa, colocando las plantas de los pies la una contra la otra.
- Túmbate de manera que tu cuerpo esté inclinado, con la columna vertebral apoyada en la almohada. Apoya la cabeza sobre una manta enrollada o sobre otra almohada para que esté más elevada que el corazón.
- Deja que las rodillas se abran tanto como sea posible y relaja completamente los puntos de apoyo.

5. *MALASANA* (postura de la guirnalda)

- Comienza de pie con las piernas separadas a la altura de las caderas. Flexiona las rodillas, bajando el cuerpo en cuclillas con los dedos de los pies en ángulo hacia los bordes exteriores de la esterilla.
- Moviéndote desde las caderas, dóblate hacia adelante y coloca las manos sobre la esterilla (o sobre un bloque) entre las rodillas.

- Acerca suavemente la barbilla hacia el pecho, dejando que la coronilla de la cabeza descanse sobre la esterilla mientras alargas la parte posterior del cuello, desde la base del cráneo hasta la parte superior de los hombros.
- Si no llegas a la esterilla, puedes colocar un bloque o una almohada debajo de la cabeza.

6. *PASCHIMOTTANASANA*
(postura de la pinza sentada)

- Siéntate con las piernas rectas y extendidas hacia adelante. Puedes colocar un bloque delante de los pies para conseguir un estiramiento más intenso.
- Extiende los brazos hacia arriba, justo tocando las orejas.
- Dóblate hacia adelante, flexionando desde las caderas. Estírate hasta tocar los tobillos, los pies o el bloque, según el estiramiento de hombros deseado.

7. *SUPTA MATSYENDRASANA*
(postura de torsión de columna)

- Túmbate boca arriba con las rodillas dobladas sobre el pecho.
- Extiende los brazos en «forma de cactus», presionando suavemente la esterilla con la parte posterior de los omóplatos y los brazos. Dobla los codos manteniendo los antebrazos paralelos a las orejas y las palmas hacia arriba con los dedos extendidos. Si lo prefieres, puedes extender los brazos en cruz con las palmas de las manos hacia arriba.
- Dobla las rodillas y déjalas caer hacia un lado; si lo deseas, gira la cabeza y el cuello en la dirección opuesta.
- Mantén la postura durante varias respiraciones y luego cambia de lado.

8. *VIPARITA KARANI* (postura del gesto invertido)

- Túmbate de lado junto a una pared, colocando el coxis y los glúteos lo más cerca posible de la pared.
- Rota el cuerpo y acuéstate boca arriba, extendiendo las piernas hacia arriba a lo largo de la pared, con la parte posterior de las piernas apoyada en la pared.
- Puedes colocar una manta enrollada sobre los pies o una almohada debajo de la parte inferior del vientre para crear una sensación más profunda de conexión con la tierra.

9. *UTTHITA EKA PADA RAJAKAPOTASANA* (postura extendida de la paloma rey con una sola pierna)

- Comienza boca abajo con las palmas de las manos y las rodillas apoyadas en la esterilla y el cuerpo extendido hacia arriba en forma de «V» invertida. Dobla una rodilla y llévala hacia adelante, apoyando la tibia en el suelo en diagonal y bajando las caderas hacia el suelo. Puedes colocar un bloque o una almohada debajo de la cadera para conseguir apoyo adicional y ayudarte así a relajarte más profundamente durante el estiramiento.
- Alarga la pierna que queda retrasada para profundizar el estiramiento de los isquiotibiales.
- Desplaza poco a poco las manos hacia adelante. Baja los codos y apoya los antebrazos sobre la esterilla. Puedes descansar la cabeza en la esterilla o apoyarla sobre almohadas o bloques.
- Cambia de pierna y repite.

10. *UTTHAN PRISTHASANA* (postura del lagarto)

- Comienza boca abajo con las palmas de las manos y las rodillas apoyadas en la esterilla. Desplaza los pulgares hasta que se toquen en el centro de la esterilla.
- Adelanta un pie, colocándolo directamente por fuera de la mano y la muñeca correspondientes. Extiende la otra pierna hacia atrás; si lo consideras necesario, puedes colocar una almohada debajo de la rodilla que queda atrás.
- Estira el cuerpo hacia adelante para activar el estiramiento de los flexores de la cadera del lado de la pierna.
- A continuación, empuja el cuerpo hacia atrás, alargando y estirando los isquiotibiales de la pierna.
- Cambia de posición y repite en el otro lado.

11. *SAVASANA* (postura del cadáver)

- Túmbate boca arriba. Si lo deseas, utiliza una almohada pequeña o una manta enrollada para apoyar el cuello y la cabeza.
- Deja que los brazos descansen a ambos lados del cuerpo, con las palmas hacia arriba.
- Separa las piernas a una anchura que te resulte cómoda con los dedos de los pies apuntando hacia afuera y los talones mirando el uno al otro.
- A medida que vayas cerrando los ojos, ve relajando de manera consciente los músculos faciales, comenzando por las sienes y bajando por la cara, destensando las mejillas y la mandíbula.
- Observa para tus adentros si hay algún punto en el que estés acumulando tensión muscular. Relájate y libera cualquier tensión que localices.
- Deja que la respiración fluya a su ritmo natural.

ACTIVIDADES ANTERIORES Y POSTERIORES A LA PRÁCTICA

Haz que tu esterilla y tu espacio de práctica sean sagrados y estén energéticamente diseñados para promover la sanación.

- Antes y después de tu práctica de yoga, con independencia de que estés en casa o en otro lugar, purifica tu esterilla y las zonas circundantes.
- Pasa un trapo impregnado con un aceite esencial en espray a tu esterilla.
- Enciende una cerilla y quema salvia, palo santo u otro medio de purificación para liberar el aire y la zona de cualquier energía estancada, bloqueada, negativa, vieja o residual que haya en la habitación.
- Reúne los accesorios necesarios y guarda los innecesarios.
- Si lo deseas, enciende una vela para utilizarla más tarde como parte de un ritual de contemplación del fuego. (Para más rituales de contemplación, *véase* el capítulo 5.)
- Establece unos propósitos o una oración tanto para el inicio como para la finalización de tu práctica.
- Haz de cada postura un ejercicio de meditación en movimiento y de activación del yo físico integrando respiraciones profundas y completas en la práctica.
- También puedes intensificar la activación de la glándula pineal golpeando con suavidad el espacio entre las cejas para despertar la energía del *chakra* del tercer ojo antes de realizar el movimiento.

Resumen

Combina estas posturas de yoga en una secuencia o practícalas individualmente. Combina cada postura con la respiración consciente para clarificar y tranquilizar tu cuerpo y tu espíritu, y para relajarte y lograr tener una noche de sueño reparador.

CAPÍTULO 4

TRABAJO DE RESPIRACIÓN PARA APORTAR EQUILIBRIO

Respira, fluye y regula el sistema nervioso

«La calma se mantiene mediante la exhalación controlada o la retención de la respiración».

PANTANJALI

Puedes optar por combinar la técnica de respiración *pranayama* con tu yoga antes de acostarte. O bien puedes realizar estas técnicas de respiración por tu cuenta en cualquier momento.

La respiración puede ser nuestra mejor amiga o nuestra peor enemiga, dependiendo de si nos controla o la controlamos nosotros. La forma en que respiramos ofrece claridad y conocimiento de nuestro estado energético actual. Si bien la respiración es un acto subconsciente, uno que nuestro cuerpo hace para mantenerse vivo, podemos transformarlo en un acto consciente tomando conciencia y desarrollando mejores prácticas de respiración.

La forma en que respiramos juega un papel fundamental en la regulación del sistema nervioso central. El sistema nervioso simpático a menudo se describe como generador del estado de «lucha o huida». El sistema nervioso parasimpático, por su parte, genera el estado de «descanso y digestión», que regula las funciones básicas del organismo y su funcionamiento habitual. Esto revela cómo puede verse afectada la glándula pineal por el estado de nuestro sistema nervioso. Cuando todo está bien y el cuerpo funciona de manera adecuada, también lo hace la glándula pineal. En cambio, cuando las cosas van mal, la glándula pineal y su funcionamiento pueden descarrilar por un estrés elevado o por otras dinámicas negativas que pueden afectar a la producción de melatonina.

Si respiras de manera superficial y con dificultad (como durante un ejercicio extenuante), es probable que tengas un sistema nervioso simpático activado y acalorado. Esto está relacionado con tu respuesta de lucha o huida.

Por el contrario, practicar la respiración consciente y atenta utilizando respiraciones lentas y profundas, como las que se aplican en la postura del cadáver o durante la meditación, estimulará el sistema nervioso parasimpático. Esto te ayudará a entrar con facilidad en el estado de descanso y digestión.

Combinar la respiración consciente con posturas de yoga específicas puede reducir la activación de tu sistema nervioso simpático. Las respiraciones profundas de cinco segundos de inspiración, dos segundos de retención y otros cinco segundos de espiración pueden activar tu sistema nervioso parasimpático, reduciendo el estrés y la ansiedad que puedes estar experimentando.

Centrarse en la respiración puede calmar las mentes y los cuerpos reactivos. Este enfoque crea un estado de ánimo más tranquilo al potenciar una recuperación rápida de las drásticas fluctuaciones que experimenta el sistema nervioso. Las prácticas de respiración que mostramos a continuación tranquilizan el sistema nervioso y contribuyen a un sistema inmunitario sano y una función respiratoria óptima.

EJERCICIO DE RESPIRACIÓN BÁSICO

- Dedica unos instantes a examinarte. Siéntate tranquilo y observa, sin juzgar, cómo sientes cada inspiración y cada espiración. ¿Qué sensaciones físicas estás experimentando?
- A continuación, inspira y espira a fondo, dejando que tu cuerpo intercambie por completo el dióxido de carbono expulsado por el

oxígeno entrante. Esto fija tu concentración en el momento presente para poder recibir así el beneficio completo de tu trabajo de respiración o *breathwork*.

En *Los Yoga Sutras de Patanjali*, Patanjali explica los parámetros de una práctica adecuada de *pranayama*:

• Inspiración.
• Retención.
• Espiración.

En otras variaciones del *pranayama*, hay maneras de enfocar tu concentración mientras respiras. Por ejemplo, puedes formularte las siguientes preguntas:

• ¿Estoy respirando desde el centro de mi corazón, desde la base de mi columna vertebral o desde mi vientre?
• ¿Cuánto tiempo aguanto la respiración?
• ¿Duran lo mismo mis inspiraciones que mis espiraciones?

Patanjali también identifica el *pranayama* «que ocurre durante la concentración en un objeto interno o externo». Este tipo de respiración ocurre de manera automática y sin esfuerzo consciente cuando estamos verdaderamente inmersos y centrados en una situación, una experiencia o un acontecimiento. En sánscrito, esto se conoce como *kevala kumbhaka*. Es la retención fácil e involuntaria de la respiración que ocurre cuando te encuentras en un estado de meditación profunda o te mueves y te sumerges en el flujo de la vida.

Pon el *pranayama* en práctica

Intenta llevar a cabo las siguientes prácticas de *pranayama* antes de acostarte. Puedes hacer una, todas o una combinación que se adapte al tiempo disponible y tus necesidades.

PRÁCTICA DE *PRANAYAMA* 1:
RESPIRACIÓN ALTERNA DE LAS FOSAS NASALES

La siguiente práctica, breve, simple y efectiva, se conoce como respiración alterna de las fosas nasales o, en sánscrito, *nadi shodhana pranayama*. Esta técnica puede equilibrar la energía, tanto invitando a la calma como aumentando el estado de alerta.

- Dobla los dedos anular y meñique de la mano derecha sobre la palma.
- Junta los dedos corazón e índice, y señala con el pulgar hacia arriba.
- Descansa la mano izquierda sobre el muslo.
- Presiona suavemente los dos dedos extendidos contra la fosa nasal izquierda para impedir que pase el aire. Inspira por la fosa nasal derecha contando hasta cuatro.
- Cierra la fosa nasal derecha presionándola con el pulgar y libera la fosa nasal izquierda mientras espiras contando hasta cuatro.
- Inspira por la fosa nasal izquierda contando hasta cuatro.
- Cierra la fosa nasal izquierda, abre la derecha y espira contando hasta cuatro.
- Practica este ejercicio de cuatro a seis inspiraciones.

PRÁCTICA DE *PRANAYAMA* 2:
CANTO DEL MANTRA *AJNA BIJA* (OM)

El sonido y la vibración pueden ayudarnos a trabajar y recanalizar cualquier desequilibrio en nuestra energía. Nuestro *chakra* del tercer ojo vibra junto con el «sonido del universo» u Om, que en realidad se pronuncia «aaaa-uuuu-mmmm».

- Mientras inspiras contando hasta tres, combina cada conteo con una sílaba.

- Es probable que haya una breve retención de la respiración entre cada uno de los tres conteos.
- Espira lentamente, hasta expulsar el aire por completo.
- Repite tantas veces como desees.

PRÁCTICA DE *PRANAYAMA* 3: *CHANDRA BHEDANA*

Esta técnica de respiración –que también se conoce como respiración que perfora la luna– está asociada a una vibración lunar refrescante e introspectiva. Opuesta a la energía solar calentada y enfocada hacia el exterior, el *pranayama chandra bhedana* ofrece un equilibrio ideal para la energía turbulenta del día, lo que le permite respirar con más facilidad durante la noche.

- Con la mano derecha, utiliza el pulgar para cerrar la fosa nasal derecha.
- Inspira por la fosa nasal izquierda, llenando el torso de aire.
- Bloquea ambas fosas nasales.
- Aguanta la respiración durante dos o tres segundos.
- Libera la fosa nasal derecha y espira poco a poco.
- Continúa el mismo patrón, inspirando sólo por la fosa nasal izquierda y espirando sólo por la derecha.
- Repite doce veces.

PRÁCTICA DE *PRANAYAMA* 4: RESPIRACIÓN DEL LEÓN

Esta poderosa práctica se inspira en su homónimo, el león, y es una gran domadora de tensiones y aliviadora de estrés. Estira toda la cara, incluyendo la lengua y la mandíbula, a la vez que alivia la tensión de la frente y el tercer ojo entre las cejas.

- Arrodíllate con los glúteos apoyados sobre los pies. Si lo deseas, también puedes sentarte en la postura del león (*simhasana*). Para la postura del león, arrodíllate en el suelo, cruzando la parte anterior de un tobillo por encima de la parte posterior del otro y con los pies apuntando hacia los lados. Siéntate sobre los talones, apoyando las palmas de las manos sobre las rodillas. Abre los dedos como las garras afiladas de un gran felino. También puedes sentarte cómodamente con las piernas cruzadas, cruzando los tobillos o colocándolos debajo de los glúteos.
- Pon las manos sobre las rodillas.
- Estira los brazos y extiende los dedos como si fueran garras de león.
- Inspira por la nariz.
- Prepárate para espirar. Abre bien la boca y saca la lengua lo máximo que puedas hacia la barbilla.
- Mientras espiras fuerte y bruscamente por la boca, emite un sonido, «ja».
- También mientras espiras, concéntrate en llevar tu *drishti*, que es tu conciencia aguda o concentración interna, hacia tu *chakra* del tercer ojo.
- Inspira volviendo a mostrar una expresión facial neutra.
- Repite de cuatro a seis veces. Si tienes los tobillos cruzados, cambia la posición de tus pies a la mitad de las repeticiones.

Resumen

Nuestra respiración nos da vida. Sin ella, dejamos de existir. Y si bien la respiración es un acto inconsciente, que nuestro cuerpo físico realiza por sí solo para sobrevivir, podemos utilizar la práctica de diferentes trabajos de respiración para transformarlo en un acto consciente.

Al hacer de la respiración consciente una parte habitual de nuestra práctica diaria, podemos aprender a controlarla y regularla. Esto, a su vez, puede conducir a mejoras en nuestras funciones respiratorias e inmunitarias, además de reforzar las propiedades sanadoras naturales de nuestro organismo y la producción saludable de respuestas internas, incluida la producción y el flujo de melatonina de la glándula pineal.

Alterar el ritmo de nuestra respiración también puede ayudar a tranquilizar la mente, apaciguando la ansiedad y calmando el sistema nervioso. Muchos yoguis creen que nacemos con cierto número de respiraciones grabadas en nuestra vida útil. Por lo tanto, si podemos aprender a dominarla, alargando cada inspiración y cada espiración, podemos prolongar nuestra esperanza de vida.

CAPÍTULO 5

PON LA MEDITACIÓN EN ACCIÓN

Tranquiliza, aquieta y calma la mente

«Dormir es la mejor meditación».

DALÁI LAMA

Seamos realistas: es probable que todos hayamos caído en la trampa de actuar como nuestro peor crítico al dudar de nosotros mismos. La duda puede conducir a mucha energía negativa, creando un agujero del que puede ser difícil salir. Y esto, a su vez, afecta a la forma en que nos presentamos ante el mundo. Entonces, ¿qué haces cuando no puedes acallar esa voz interna negativa?

Es probable que hayas oído a personas despotricando contra los beneficios de la meditación, el simple acto de llevar la conciencia enfocada a la respiración mientras estás en calma. La meditación y sus patrones correspondientes de inspiraciones y espiraciones conscientes no sólo calman tu sistema nervioso, crean paz interior, aumentan la capacidad intelectual y mejoran la concentración, sino que seguir a rajatabla una práctica constante puede mejorar la función inmunitaria y la salud física en general. Y una práctica de meditación se puede realizar en cualquier lugar y en cualquier momento, sin necesidad de ningún tipo de material.

Algunos estudios han observado que en realidad la práctica de la meditación provoca cambios en el cerebro. Se cree que esta «reconexión» de los circuitos cerebrales que están involucrados en la regulación de las emociones minimiza el estrés y controla las fluctuaciones de la mente.

Otra investigación demuestra que la meditación, incluida la recitación de mantras tanto en voz alta como en silencio, puede ayudar a las personas a aumentar la autocompasión, disminuir los extremos de los pensamientos negativos, cambiar los patrones de creencias y facilitar el proceso, a veces desafiante, de aprender a perdonarnos a nosotros mismos y a practicar el perdón hacia los demás.

La meditación nos puede ayudar a evitar caer en el laberinto de la autocrítica, algo de lo que es especialmente importante liberarse antes de intentar acostarse por la noche. Si tu mente va dando vueltas cuando la cabeza toca la almohada, es muy probable que tu sueño se vea interrumpido.

La meditación calma el sistema nervioso central y el cuerpo físico a la vez que relaja la mente. Prestar atención a la respiración detiene el proceso de crítica. Al calmar el cuerpo, podemos calmar la mente, lo que conduce al estado de relajación necesario para conciliar –y mantener– el sueño.

Se sabe que la meditación reduce el estrés. Independientemente del motivo, el estrés se manifiesta siempre de la misma manera física, elevando los niveles de cortisol. Reducir los niveles de cortisol relacionados con el estrés puede tener un impacto positivo sobre la capacidad de nuestro cuerpo para dormir. Sabemos que el estrés afecta a todo en nuestras vidas, incluida nuestra salud. Puede afectar al funcionamiento adecuado del sistema nervioso, junto con otros procesos corporales. Aparte del estrés, puede provocar:

- Inmunidad reducida, lo que conduce a una susceptibilidad a enfermar.
- Signos de envejecimiento, incluida la aparición de canas y de arrugas.
- Posible aumento de peso.
- Problemas de sueño.
- Niveles de cortisol elevados.

Curiosamente, en algunos animales, incluidos los seres humanos, el estrés también puede actuar como un catalizador para su propia mitigación, activando la glándula pineal para reducir los efectos negativos del estrés. Así pues, uno de los posibles roles de la glándula pineal puede ser la reducción del estrés. Un estudio ha demostrado que la glándula pineal desempeña un papel general de reducción del estrés similar a cómo las glándulas suprarrenales desempeñan un papel clave en el mantenimiento de la homeostasis dentro del organismo, incluida la promoción de la producción eficiente de melatonina.[1]

El estado de lucha o huida provoca un estrés que eleva los niveles de cortisol. El parloteo constante que percibes dentro de tu cabeza es una narrativa siempre fluctuante que afecta tanto a cómo piensas como a cómo te sientes. Si eres capaz de cambiar esta narrativa, puedes cambiar tus respuestas, tus acciones y tus reacciones. A medida que la meditación disminuye los extremos de los pensamientos negativos, podemos modificar los patrones de creencia y facilitar el perdón a uno mismo.

Para aprovechar el poder de la meditación, la consistencia es clave, al igual que la creencia en el poder de las prácticas. Aprender a respirar de manera efectiva y adoptar una rutina constante de prácticas meditativas puede volver a capacitar tanto el cerebro como el cuerpo.

La meditación nos permite ser receptivos en lugar de reactivos en situaciones desafiantes. El *mindfulness* y la meditación entrenan todo nuestro sistema para equilibrarnos, incluso cuando no practicamos de manera activa la meditación en el momento en cuestión.

Antes de practicar, nuestro cerebro se ve salpicado de pensamientos cada segundo de cada día. De todos modos, recuerda que la meditación no es el acto de barrer por completo la mente de pensamientos; más bien, la meditación es la práctica de llevar continuamente y una vez tras otra la mente errante de regreso a la respiración, con el menor juicio y la mayor compasión posible.

---

1. Wyk, V., *et al.*: «Pineal-Adrenal Gland Interactions in Search of an Anti-stressogenic Role for Melatonin». Acceso el 8 de noviembre de 2021. Disponible en: www.vital.seals.ac.za/vital/access/manager/Repository/vital:4054?site_name=GlobalView&view=null&f0=sm_subject%3A%22Melatonin%22&sort=sort_ss_title%2F.

CALMAR LA MENTE DEL MONO
CON MEDITACIÓN

En algunos tipos de meditación budista, la mente se compara con un mono borracho que puede girar de manera salvaje si se lo permitimos. La práctica de sentarse en calma y silencio, y utilizar la respiración para sintonizar con el interior puede tranquilizar nuestros pensamientos para que no se descontrolen. Para llevar a cabo un momento consciente o unos minutos de una meditación diseñada para aliviar y calmar esta «mentalidad de mono», intenta el siguiente ejercicio:

- Siéntate con comodidad, con la espalda erguida y apoyada en una almohada o en cualquier otro respaldo blando si lo deseas.
- Deja que tu mirada se centre en un punto delante de tu campo de visión o lejos de tu línea de visión periférica.
- Mantén la mirada fija y enfocada pero relajada.
- Observa si hay alguna parte de tu cuerpo que se esté contrayendo o tensando. Si es así, trata de relajar esas zonas.
- Empieza a prestar atención a tu respiración, fijándote en las inspiraciones y las espiraciones.
- A medida que te conciencias de las inspiraciones y las espiraciones, observa la calidad de la respiración.
- Observa, sin juzgar, las sensaciones que experimentas con cada respiración.
- ¿Notas que las inspiraciones son expansivas y abiertas, como si se hincharan los pulmones, el pecho y el abdomen?
- ¿Notas que las espiraciones son como una liberación que permiten que el cuerpo se deshinche mientras expulsas el aire y la energía usados?
- Si aparece un pensamiento en tu cabeza o tu mente, comienza a divagar; simplemente archiva el pensamiento como una idea extraviada para considerarla de nuevo más tarde. No juzgues estos pensamientos; tan sólo deja que sean lo que son y suéltalos.
- Cuando te sientas listo, deja el ejercicio abandonando lentamente la posición sentada. Puedes optar por escribir cualquier pensa-

miento que haya surgido o anotar cómo te has sentido antes, durante y después del ejercicio.

_____

_____

_____

_____

_____

_____

_____

_____

_____

«Muchos creen que la meditación se practica tan sólo para despejar la mente. No es así. La meditación entrena la mente para "sentarse y quedarse", y concentrarse en el objeto de la meditación. El objeto podría ser tu respiración, la llama de una vela, una flor, tus pasos o una postura de yoga, por ejemplo», explica Olivia Mead, fundadora de YogaShield: Yoga for First Responders y de Yoga for the Conception Journey. «Cuando la mente está entrenada para estar quieta, el sistema nervioso puede sentirse seguro e inalterable. Sólo cuando el sistema nervioso se sienta seguro ofrecerá energía a otras áreas aparte de la supervivencia. Aquí es cuando comenzamos a ver que la piel mejora, el cabello se vuelve más sano y el sueño más eficiente, lo que siempre es la clave principal para una salud holística».[2]

La meditación es un proceso poderoso que puede ayudarnos a reducir el ritmo y mantenernos calmados. A su vez, esto puede permitir que un practicante se vuelva verdaderamente consciente y sintonice con lo que le está pasando tanto a nivel emocional como físico. Ser observadores y darnos cuenta de cómo nos sentimos, con paciencia y sin juzgar, es una práctica útil que se puede aplicar en cualquier momento de

_____

2. Entrevista a Olivia Mead por teléfono y correo electrónico durante la semana del 1 de mayo de 2021.

nuestra vida, mucho más allá de la almohada de meditación. Podemos empoderarnos para tomar decisiones conscientes sobre cómo nos tratamos a nosotros mismos, de quién nos rodeamos y qué metemos dentro de nuestro cuerpo.

Empezar a meditar puede aportar muchos beneficios:

- Paz interior.
- Reducción de los niveles de estrés.
- Aumento de la capacidad intelectual.
- Mejora de la concentración y la conciencia.
- Mejora de las funciones inmunitaria y respiratoria.
- Alivio de la ansiedad.
- Reducción de los niveles de cortisol.
- Equilibrio en cuerpo, mente y espíritu.
- Mejora de la salud mental.
- Regulación de la presión arterial.
- Mejora de la circulación sanguínea.

La meditación puede ayudarnos a sanar las respuestas reflexivas a los problemas o a tener un impacto positivo en nuestra capacidad de poner en práctica el control ante situaciones difíciles. Si no tienes el control de una situación, entrena a tu mente para aceptar las circunstancias o para ser reflexivo sobre tu respuesta emocional a ellas. Puedes combinar un ejercicio diario de gratitud con tu práctica de meditación para reforzar tu resiliencia frente a los desafíos.

HÁBITO DIARIO DE GRATITUD

Cada mañana, tan pronto como te despiertes, anota tres cosas por las que estás agradecido. Repite el ejercicio por la noche justo antes de acostarte. Sigue la práctica durante una semana.

• Lunes por la mañana
1. _____
2. _____
3. _____

• Lunes por la noche
1. _____
2. _____
3. _____

• Martes por la mañana
1. _____
2. _____
3. _____

• Martes por la noche
1. _____
2. _____
3. _____

• Miércoles por la mañana
1. _____
2. _____
3. _____

• Miércoles por la noche
1. _____
2. _____
3. _____

• Jueves por la mañana
1. _____
2. _____
3. _____

• Jueves por la noche

1. _____
2. _____
3. _____

• Viernes por la mañana

1. _____
2. _____
3. _____

• Viernes por la noche

1. _____
2. _____
3. _____

• Sábado por la mañana

1. _____
2. _____
3. _____

• Sábado por la noche

1. _____
2. _____
3. _____

• Domingo por la mañana

1. _____
2. _____
3. _____

• Domingo por la noche

1. _____
2. _____
3. _____

Después de una semana, observa si adviertes algún cambio en tus emociones. Considera continuar la práctica más allá de la semana inicial. ¡Se afirma que se necesitan veintiún días para que un hábito se convierta en parte de tu estilo de vida!

La mente (y la meditación) domina la materia

Además de cómo nos hablamos a nosotros mismos, también es importante lo que creemos… y las palabras tienen poder. ¿Practicar meditación guiada o recitar mantras y afirmaciones tiene algún efecto sobre tu salud? ¡Tu mente es mucho más poderosa de lo que piensas!

MANTRA DE MEDITACIÓN

Elige una afirmación positiva, un mantra, una frase o una oración que desees incorporar a tu meditación.
Anótalo.

_____

_____

_____

_____

_____

_____

_____

_____

Mientras practicas inspirar y espirar, recita esta afirmación, repitiéndola con cada ronda de respiración. Puedes decidir pronunciar las palabras en voz alta o repetirlas mentalmente en silencio, o bien hacer una combinación de las dos.

MEDITACIÓN EN ACCIÓN

Al terminar el día, dedica unos momentos conscientes para sentarte en quietud, calmar tu mente, dejar que los pensamientos extraviados se disuelvan y respirar. Si pensamos y expresamos los deseos y las intenciones de nuestro corazón, podemos hacer que estos sueños se manifiesten en realidad. Bajar el ritmo y recordar respirar es una de las cosas más importantes que podemos hacer por nosotros mismos y, a su vez, por los demás.

CONTEMPLACIÓN DE VELAS (*TRATAKA*)

La práctica meditativa consistente en la contemplación de velas abre el *chakra* del tercer ojo y la glándula pineal, mejorando nuestro enfoque, nuestra concentración y quizás incluso nuestra vista. Se puede combinar con la respiración enfocada utilizando inspiraciones y espiraciones de idéntica duración.

- Siéntate en un lugar tranquilo y oscuro donde no te molesten.
- Reúne todo el material necesario para practicar este ejercicio: una vela, cerillas y un portavelas para recoger el exceso de cera.
- Coloca la vela frente a ti a la altura de los ojos sobre una superficie plana, nivelada y estable.
- Enciende la vela.
- Siéntate en una posición cómoda. Utiliza un cojín o una almohada de meditación, si lo deseas.
- Mira el titileo de la llama de la vela. Trata de mantener la mirada fijada en la llama sin parpadear ni moverte.
- Visualiza la llama grabando su fuego en tus *chakras*, alimentando la apertura y el despertar de tu *chakra* del tercer ojo.
- Cuando hayas terminado, cierra los ojos. Puedes visualizar la imagen de la llama en tu mente.

- Fíjate si hay otros colores que veas detrás de los ojos cerrados. Son tu aura.
- Cuando esta imagen se disuelva, abre los ojos y repite, si lo deseas.

MEDITACIÓN EXPANSIVA PARA ABRIR EL CORAZÓN

Descansa gracias a una noche de sueño reparador dirigiéndote a la sabiduría del centro de tu corazón a través de esta meditación reposada.

- Túmbate cómodamente en tu cama con la cabeza apoyada en una almohada.
- Cierra los ojos.
- Coloca las manos en el centro de tu corazón con la mano izquierda cubriendo la mano derecha. Esto simboliza lo divino femenino apoyando lo divino masculino, ya que el lado derecho del cuerpo es el masculino y el izquierdo es el femenino.
- Saluda a lo divino con gratitud y pídele apoyo.
- Haz tres o más inspiraciones y espiraciones regulares dentro y fuera del centro de tu corazón.
- Visualiza la fuerza vital que hay dentro de ti. Observa los colores radiantes del espacio de tu corazón: rosa claro, dorado brillante y blanco suave y homogéneo, todos girando dentro de tu centro.
- Presencia y observa tus sentimientos. ¿Qué estás viendo, sintiendo, experimentando en este momento?
- Indica por qué estás agradecido. Disfruta y saborea este sentimiento de aprecio. Disfruta de la gratitud.
- Afirma tus emociones y experiencias deseadas.
- Pídele a tu corazón y a lo divino sabiduría y guía en tus sueños subconscientes.

MEDITACIÓN PARA DORMIR CON AFIRMACIONES NOCTURNAS

Emparejar la respiración con la repetición de recitar –ya sea en silencio o en voz alta– afirmaciones positivas y relajantes justo antes de irse a dormir puede resultar transformador al grabar estas ideas en tu subconsciente mientras duermes.

- Establece tus intenciones centrándote en una afirmación o un mantra.
- Prepara el ambiente de tu dormitorio para dormir. Una luz nocturna de sal del Himalaya ofrece una presencia sutil y calmante con una luz suave y los beneficios sanadores y útiles de la sal.
- Túmbate en la cama.
- Cierra los ojos y coloca las manos a ambos lados del cuerpo, con las palmas hacia arriba para mostrar receptividad, o hacia abajo para conectar con la tierra. También puedes optar por colocar las manos en la parte inferior del vientre para sentir cómo se hincha y se deshincha tu cuerpo físico a medida que inspiras y espiras.
- Dedica unos instantes a calmar y tranquilizar tu mente comenzando a respirar lenta, suave y profundamente.
- Fíjate en cada inspiración y cada espiración, y en cómo se sienten.
- Si aparece un pensamiento o una tarea pendiente, permítete dejarlo ir y vuelve a concentrarte en tu respiración. Al igual que con el yoga, una práctica de meditación es sólo eso: práctica. No te mortifiques por eso.
- Una vez que hayas limpiado tus voces internas, redirige tu atención a tus afirmaciones o intenciones.
- Concéntrate en estos pensamientos y reflexiona sobre ellos.
- Utiliza cada inspiración como una oportunidad para dar nueva vida a estas intenciones, llenando los pulmones con aire fresco, y el cuerpo, el cerebro y el corazón con la afirmación de tu elección.
- Emplea cada espiración como una oportunidad para expulsar el aire viejo, la energía estancada o cualquier duda o tensión.

• Repite tantas veces como lo desees hasta que te sientas completamente relajado y preparado para descansar.

Resumen

Practica estos ejercicios de meditación consciente como parte regular de tu rutina antes de irte a dormir, o en cualquier momento que necesites un *reset* para relajarte. Hacer de la meditación un hábito diario mejorará en gran medida tu respuesta, tanto física como emocional, a los factores estresantes externos, lo que te permitirá calmar el cuerpo y el cerebro para una noche relajante de sueño reparador.

CAPÍTULO 6

EL PODER DE LAS CREENCIAS Y LAS AFIRMACIONES POSITIVAS

Despertar la sanación interior con el ojo de la mente

«Lo que buscas te está buscando».

RUMI

La manera en que nos hablamos a nosotros mismos –junto con la frecuencia y la repetición– es poderosa. Las palabras que elegimos y las historias que nos contamos a nosotros mismos impactan profundamente nuestra psique interna, así como la forma en que nos presentamos a nosotros mismos y nuestra energía en el mundo exterior.

Nuestra mente es una fuerza poderosa. También lo es el área interior del ojo de nuestra mente, nuestro *chakra* del tercer ojo, detrás del cual se encuentra la glándula pineal en lo más profundo del cerebro. Si aprendemos a aprovechar el poder de aquello en lo que creemos, entonces podremos tener la creencia positiva de que nuestra glándula pineal funciona de manera óptima y transforma este pensamiento sanador en una acción sanadora física. Dado que la glándula pineal también desempeña un papel en la producción de serotonina, que genera una sensación de bienestar, podemos utilizar este proceso para amplificar nuestras emociones y nuestras habilidades de sanación interior.

La ley de la atracción explica que nuestra mente y, por lo tanto, nuestras experiencias, son como imanes: lo que envías al universo es lo que éste te devolverá magnetizado. Por ejemplo, los pensamientos positivos atraerán más experiencias positivas a tu vida y los pensamientos negativos atraerán experiencias negativas similares. Del mismo modo, si te despiertas creyendo que no te sientes bien, es probable que tu cuerpo manifieste síntomas físicos que se correlacionen con esos sentimientos. En el otro lado de la moneda, si te despiertas descansado y agradecido por una buena noche de sueño (¡gracias, glándula pineal de elevado nivel funcional y niveles adecuados de melatonina!), entonces, junto con todas las oportunidades que estarán a tu alcance a lo largo del día que empieza, también estarás más abierto y receptivo a permitir y recibir el flujo de más cosas buenas por venir.

Cuando una historia se convierte en parte de ti, cualquier recuerdo de ella traerá a colación el sentimiento que acompaña a esa narración. Dicho esto, la cháchara constante que recorre tu cerebro (tu narrativa) influye en la forma en que piensas y sientes. Cambia esta narrativa y la forma en que tu cerebro procesa, piensa y recibe información y tu vida también cambiará.

Las palabras son vibraciones. Enviar lo que deseas canalizar puede ayudar a activar tu propósito y presencia de ánimo. Puedes aprovechar la poderosa energía de la narración hablándote en voz alta todos los días, por la mañana y por la noche. Recitar de manera repetitiva palabras que transmiten afirmaciones positivas y transformadoras puede –y lo hará– reprogramar la naturaleza de tus pensamientos y acciones.

CAMBIA TU NARRATIVA

Como hemos mencionado, la manera en que vemos y sentimos las narrativas que dan forma a nuestras vidas es crucial en cómo irradia –o cómo se desprende– nuestra energía. Utiliza las siguientes indicaciones para cambiar y reformular tu narrativa en una que influirá de manera positiva en tu cuerpo, tu mente y tu espíritu.

- ¿Cómo siento hoy mi energía y mi aura?

_____

- ¿Cómo puedo reformular este sentimiento o sustituirlo por uno que sea mejor?

_____

- ¿Qué puedo decirme para darme ánimos?

_____

- ¿De qué manera sentirme mejor transformará mi día a día, el modo de sentir mi cuerpo físico y mi salud emocional?

_____

- ¿Qué puedo hacer, si es que puedo hacer algo, para cambiar lo que siento o experimento?

_____

- ¿Qué más quiero decirme a mí mismo que sea positivo y útil?

_____

Justo después de despertar, haz que las primeras palabras que te digas a ti mismo –incluso antes de abandonar el entorno tranquilo y pacífico de tu cama– sean de naturaleza positiva. Igual de importante: haz de las expresiones de gratitud una prioridad a medida que avanza el día. Al cultivar una actitud de gratitud y positividad desde el principio, recalibras el cerebro elevando tu vibración energética y estableciendo de manera delibera el tono con intenciones conscientes.

COMPARTE LA ENERGÍA SANADORA

Para enviar tu energía sanadora a los demás, intenta los siguientes pasos:

- Céntrate en la gratitud, la respiración y la autoconciencia.
- Visualiza una conexión energética entre tú y los demás. Ofrece a través de esta conexión una intención de ayudar o sanar.
- Establece la intención de manifestarte abriendo tu corazón, sintiendo y expresando amor incondicional.
- Ten fe y confía en el universo de que tu energía ha sido recibida.

Para desarrollar las afirmaciones y los mantras, agrupémoslos en horas del día.

Mantras matinales

Inicia una rutina matinal que entrene tu cerebro para comenzar cada día desde un sitio de abundancia y amor.

RITUAL MATINAL POSITIVO

Prueba cada mañana este ritual. Para una práctica regular, emplea un cuaderno para ello. Guarda este libro o el cuaderno en tu mesita de noche para poder acceder fácilmente a él sin que te tengas que levantar.

- Escribe la frase «ME SIENTO AGRADECIDO POR» y enumera al menos tres cosas por las que te sientas agradecido.

_____

_____

_____

_____

- A continuación, anota «PRETENDO», «ESTOY DISPUESTO A» o «VOY A» y enumera los elementos que te gustaría integrar en tu día a día.

_____

_____

_____

_____

- Recita ambas listas en voz alta.

AFIRMACIONES NOCTURNAS

Haz estas afirmaciones antes de acostarte para dejar que se absorban por completo en tu subconsciente mientras duermes.

- Escribe la frase «Cosas increíbles que me han pasado hoy» y enumera tres (o más) actividades o acontecimientos que te hayan hecho sentir agradecido. ¡Puede que te haga sonreír revivir estos acontecimientos y sus alegres emociones!

_____

_____

_____

_____

- Escribe «PRETENDO» o «TENGO LA INTENCIÓN DE» y enumera los elementos que te gustaría implementar.

_____

_____

_____

_____

- Deja este libro en tu mesita de noche o al lado de tu almohada para aprovechar el poder del pensamiento subconsciente que se manifiesta en acción.

• Puedes repetir el ritual matinal positivo y las afirmaciones nocturnas utilizando las plantillas que se muestran en la página 120.

Cuando se usa el poder de la positividad y las afirmaciones intencionales, las palabras que transmiten acciones positivas (por ejemplo, «Estoy corriendo» o «Estoy haciendo una carrera») son una necesidad. Por el contrario, las palabras que tienen una connotación (por ejemplo, «Estoy intentando correr» o «Espero hacer una carrera») pueden hacernos fracasar. Es clave centrarse en palabras intencionales de afirmación como un método para transformar estos pensamientos en realidades.

CONSEJOS PARA EL DIARIO

Al poner negro sobre blanco, puede ser útil formularnos preguntas para descubrir qué necesitamos soltar y qué nos gustaría invocar. A continuación, mostramos algunas indicaciones para establecer intenciones y afirmar tus pensamientos para que puedan transformarse en realidades.

• ¿Qué me ha traído gratitud hoy? ¿Qué podría traerme gratitud en el futuro?

_____

_____

_____

_____

• ¿Quién o qué me puede dar apoyo y cómo? ¿Dónde necesito apoyo?

_____

_____

_____

_____

- ¿Qué está funcionando y por qué? ¿Qué no está funcionando? ¿Cómo podría ayudarme a crecer que dejara ir los apegos?

_____
_____
_____
_____

- ¿Qué podría dejar de hacer?

_____
_____
_____
_____

- ¿Qué podría empezar a hacer?

_____
_____
_____
_____

- ¿Cuáles son los sentimientos y las emociones que deseo experimentar?

_____
_____
_____
_____

- ¿Cómo puedo ser más abierto?

_____
_____
_____
_____

- ¿Cuáles son los pensamientos o las palabras estimulantes a los que puedo volver?

_____

_____

_____

_____

- ¿Cómo puedo aportar claridad a mis intenciones?

_____

_____

_____

_____

- ¿Cómo puedo sentirme y ser más libre?

_____

_____

_____

_____

- ¿Qué puedo hacer para darme prioridad?

_____

_____

_____

_____

- ¿Cómo puedo ofrecerme autocuidado?

_____

_____

_____

_____

- ¿Cómo puedo creer más en mí mismo?

_____

_____

_____

_____

- ¿Quién o qué está en mi corazón?

_____
_____
_____
_____

- ¿Cómo puedo aprovechar mi energía apasionada?

_____
_____
_____
_____

Resumen

Nuestra energía, nuestras palabras y nuestras emociones influyen en todos los ámbitos de nuestra salud física y mental. Al estimular las áreas de nuestro cerebro, como la glándula pineal, que aprovechan nuestras capacidades internas de sanación, podemos aumentar los niveles de hormonas importantes como la melatonina, el secreto para un sueño saludable y reparador, o la serotonina, la clave para una vida alegre y positiva.

CAPÍTULO 7

MANIFIÉSTATE CON EL PODER DE LA LUNA

Conecta con la fluidez de las mareas

«Del mismo modo que el agua refleja las estrellas y la luna, el cuerpo refleja la mente y el alma».

RUMI

La luna pasa por las fases de luna creciente y gibosa cada dos semanas, y junto con ella también debería hacerlo tu energía. La luna es una fuerza vibratoria, el regulador del flujo y reflujo de las mareas. Al igual que el océano, nuestros cuerpos físicos están constituidos principalmente por agua. La luna que cambia de forma es tu conexión con un poder superior. El vínculo lunar que relaciona el carácter físico de nuestros cuerpos con los elementos espirituales y naturales del mundo que habitamos es mágico. Esta conexión puede ayudarnos a ir más allá de nuestras mentes racionales para habitar nuestra verdadera naturaleza espiritual y divina.

La manifestación es un proceso que consiste en canalizar la energía y la emoción en vibraciones. Da forma a los pensamientos o los convierte en acción, y los deseos de tu corazón en realidad. Estos actos de manifestación requieren que interactúes con una densidad más profunda de la materia, llamando a la energía para crear una nueva forma. A su vez, esto tiene el poderoso efecto de anclar la energía a tierra. Si te manifiestas desde un lugar sin conexión con la tierra, tus manifestaciones serán fugaces y temporales. En cambio, si te manifiestas desde un lugar de enraizamiento y elevación, entonces puedes influir tanto sobre el corazón como sobre el espíritu, ocupando un espacio de creación sano, vibrante y positivo desde ambos elementos.

La luna nueva es un momento poderoso de manifestación, de establecimiento de intenciones, de inicio de nuevos capítulos y de aprovechamiento de la energía receptiva, fresca y empoderadora. Dos semanas después llega la luna llena, un momento para dejar ir y liberar lo que ya no nos sirve, y para hacer un uso productivo de la energía liberadora e ingrávida.

Con este marco mental, podemos aprovechar el poder de los rituales sagrados. Dado que la luz de la luna es más intensa durante la noche, si practicamos estas ceremonias lunares sagradas al anochecer, podremos beneficiarnos de todo el poder de la luna y de la luz de la luna. A su vez, estos rituales de celebración pueden ayudar a activar y a despertar el poder de la mente manifestando la apertura del *chakra* del tercer ojo para mejorar nuestra claridad intuitiva.

Después de todo, durante las horas de sueño, nuestro subconsciente toma el control, y, a menudo, lo que aparece en nuestros sueños es una claridad de consciencia que nuestras mentes no pueden aprovechar mientras estamos físicamente despiertos. Aquí es donde entra en juego la importancia de la glándula pineal: la glándula pineal crea los niveles adecuados de melatonina para regular nuestros ciclos de sueño, así como la serotonina necesaria para llevar nuestras emociones a una fluidez abierta. Cuando estos procesos funcionan de la mejor manera, nuestro tercer ojo puede despertar, activarse y estar abierto para recibir la intuición que proviene de nuestro estado de sueño subconsciente. Estos aspectos pueden ser aún más poderosos durante las noches de luna nueva o de luna llena.

A la hora de llevar a cabo cualquier ritual, incluidos los relacionados con la luna, lo mejor es partir del corazón y de sus emociones. Hacer algo simple y sincero es mucho más efectivo y poderoso que realizar una ceremonia de pompa y circunstancia que no conecta ni resuena con tu alma.

Resulta esencial seleccionar de manera intencionada tu enfoque durante estas ceremonias. Estos pensamientos seleccionados se convertirán en realidades grabadas con los sentimientos, las emociones y las intenciones de lo que buscas crear. Esto les permitirá manifestarse en plena fruición. Cuando consigas integrar esta práctica en tu vida, entonces tu espíritu, tu alma y tu vida cobrarán vitalidad.

LUNA NUEVA

Lleva a cabo estos rituales cuando la luna esté creciendo –desde la luna nueva hasta el pico de la luna llena– para manifestar nuevos capítulos vitales, así como para aumentar, mejorar o fortalecer las relaciones. La luna nueva es un momento potente de energía fresca, nuevos comienzos y conexión con el poder de creación.

LUNA LLENA

Los rituales de luna llena, realizados después del pico de la luna llena hasta justo antes de que vuelva a convertirse en luna nueva (un período conocido como luna menguante), son los mejores para desterrar cosas que no deseamos o que nos agobian. La luna llena nos permite liberar energías estancadas y bloqueadas, despejándonos de ataduras que nos tienen sujetos. Éste es un momento poderoso para la transformación y el cambio.

CÓMO REALIZAR UN RITUAL EFECTIVO

Para llevar a buen término tu ritual, considera estos elementos:

- Sé extremadamente claro y detallado con tus intenciones.
- Elige un altar, un *vision board* (o mapa de sueños) o cualquier otro medio creativo para reflejar tus intenciones.
- Organiza los elementos reflectantes (una bandeja o un joyero, ambos con espejo) de manera consciente. Por ejemplo, una forma

circular simboliza una espiral constante de energía cíclica y positiva, y una forma de corazón puede simbolizar el amor puro. Estos objetos reflectantes también simbolizan la luz pura de los deseos e intenciones de tu corazón.

- Acércate al poder superior, la divinidad o tu guía espiritual y pídele ayuda.
- Afirma y reza para lograr el mejor resultado para todos los seres.
- Sé fiel y confía en que el ritual funcionará.
- Mantente centrado en esta actitud, seguro de que lo que buscas ya está en camino.
- Practica y expresa gratitud continuamente. Cuanto más agradecidos estamos, más alta es nuestra vibración, lo que permite que la energía se magnetice.
- Mantén tu corazón abierto a la sabiduría del universo y su guía.

RITUAL DE LUNA NUEVA

Determina cuál es el signo astrológico para esta fase lunar. Esto puede ayudarte a establecer intenciones claras que se alineen con la astrología del universo. Cuando la luna esté en esta fase de luna nueva, será el momento de plantar las semillas de la creación. Como en todos los tipos de concepción, podemos utilizar este poder para crear nueva vida.

- Cuídate practicando una actividad que sea importante para ti, ya sea un baño de sal, una rutina de yoga, meditación, escribir un diario o una combinación de todas ellas. Purifícate y relájate.
- Busca un espacio sagrado.
- Enciende una vela y, si lo deseas, quema palo santo o salvia.
- Organiza tus cristales, tu altar o tu *vision board*.
- Escribe con tinta –y no con lápiz, que se puede borrar– lo que deseas manifestar en los próximos días. Sé lo más específico y detallado posible. Ponerlo por escrito en el papel es una práctica poderosa.

- Luego, mantén estas intenciones cerca de tu corazón mientras las recitas en voz alta.
- Cierra los ojos y da vida a estos deseos. Visualiza las intenciones como si ya estuvieran pasando y siente las emociones de gratitud y alegría.
- Deja el papel, junto con los cristales, a la luz de la luna. Esto puede ser al aire libre, si es posible, o en el alféizar de una ventana. (*Véase* el capítulo 8 para obtener información sobre los cristales).
- Si lo deseas, llena una jarra de vidrio con «agua de luna». Para hacer agua de luna, llena un recipiente transparente con agua filtrada o destilada. Coloca el recipiente en el mismo lugar que tus cristales y las intenciones escritas a mano, bajo la luz de la luna. Utiliza esta agua de luna cargada en los días siguientes para limpiarte o beber, y absorber así completamente el poder de la luna.

RITUAL DE LUNA LLENA

Para los rituales de luna llena, sigue los mismos pasos, pero enumera las cosas que deseas liberar o dejar ir. Piensa en lo que ya no te sirve y anótalo. Puedes quemar esta lista para simbolizar el acto de dejar ir con facilidad y gratitud. Asegúrate de realizar cualquier quema en un entorno controlado y sin riesgo de incendio, con material para apagar un fuego a mano.

_____

_____

_____

_____

_____

_____

_____

_____

_____

_____

Resumen

Intenta practicar ejercicios rituales de luna nueva y luna llena en el autocuidado. Incluye los elementos comentados en este capítulo o personaliza cada práctica para que se adapte a tus deseos y necesidades únicos.

CAPÍTULO 8

HAZ MAGIA CON CRISTALES SANADORES

Cristales energéticos para potenciar la glándula pineal

«Camina como si estuvieras besando la tierra con tus pies».

THICH NHAT HANH

Por culpa de mi nombre, Crystal, siempre me han intrigado e interesado las piedras preciosas. Éstas contienen un pozo fascinante de energía sanadora. La magia aparece cuando entramos en contacto directo con los cristales. Con independencia de si tenemos uno en nuestras manos o lo llevamos como joya, la energía del cristal se fusiona con nuestro propio campo energético y vibra con él en armonía.

Cuando sostenemos un cristal entre nuestras manos, la conexión también estimula la actividad química en áreas como la glándula pineal. Cuando los sostienes, determinados cristales pueden cargarse electromagnéticamente y enviar una señal al cerebro que puede activar la glándula pineal. Por este motivo, los cristales que veremos a continuación están relacionados con las hormonas –melatonina y serotonina– que segrega la glándula pineal, responsables de emociones como tranquilidad, calma, relajación, felicidad y alegría, así como intuición y conciencia. Estos cristales específicos están vinculados tanto con la glándula pineal como con su homólogo energético, el *chakra* del tercer ojo.

Quizá te preguntes cómo es posible. Los cristales están imbuidos de la esencia de nuestro planeta, y dentro de ellos residen las poderosas vibraciones y la energía del universo. Además, su origen dentro de la tierra les infunde un elemento de conexión con la tierra.

Al igual que con toda la materia y las almas y los seres vivos de la tierra, incluyéndote a ti mismo, todos y cada uno de los cristales contienen una vibración de energía única y mística. Esta huella cósmica puede ser sentida, traducida y entendida por ciertas almas receptivas, a menudo conocidas como émpatas.

Los cristales nos ayudan a buscar las conexiones que anhelamos, aportando poder, sabiduría espiritual, protección, sanación y, quizás lo que es más importante, la transmutación de la energía que tanto nuestra naturaleza espiritual como la divinidad de nuestras almas necesitan y anhelan. Los cristales son guardianes del tiempo y la energía, así como poseedores de sabiduría, lo que nos ayuda y nos guía para llevar vidas más importantes, empoderadas, abundantes e intencionales.

El número de tipos de cristales conocidos cambia año tras año. La mayoría de los cristales están formados por varios minerales, mientras que éstos son de un único material. Cada año se identifican en promedio entre treinta y cincuenta minerales nuevos, aunque no todos acaban confirmándose. Según la Mineralogical Society of America, en la actualidad hay en el planeta unos 4000 minerales identificados y conocidos.[1]

El *chakra* del tercer ojo está gobernado por la luna, y sus colores correspondientes son tonos de azul índigo que se acercan al azul púrpura. Entre los cristales con frecuencia asociados con este *chakra* se incluyen algunas de estas gemas azules:

• Aguamarina.
• Apatito.
• Aventurina azul.

1. King, H. M.: «What Are Minerals?». Acceso el 8 de noviembre de 2021. Disponible en www.geology.com/minerals/what-is-a-mineral.shtml#:~:text=There%20 are%20approximately%204000%20different,%2C%20solubility%2C%20 and%20many%20more

- Labradorita.
- Lapislázuli.
- Tanzanita.

Conoce tus cristales

Apatita

La apatita es un cristal que tiene fama de ser de naturaleza mística y es apreciado por estimular las habilidades metafísicas. También se cree que es la gema que guía el sistema metabólico a través de los *chakras*. La apatita estimula la glándula pineal, famosamente descrita por el filósofo Descartes como «el asiento del alma». Cuando activamos por completo nuestra glándula pineal, podemos experimentar «la molécula del espíritu», una secreción conocida como dimetiltriptamina o DMT. Éste es un psicodélico natural involucrado en experiencias extracorporales excepcionales.

La apatita es un cristal rico en calcio e hidroxiapatita, un mineral que el cuerpo fabrica y un componente importante del esmalte dental y los huesos, junto con el fósforo. La hidroxiapatita se encuentra en la «arena cerebral», las áreas calcificadas presentes en determinadas zonas del cerebro, incluida la glándula pineal. La calcificación altera la función de la glándula pineal. Dado que también se sabe que la glándula pineal controla y regula los efectos de los campos electromagnéticos, a su vez este proceso de regulación y control de la calcificación es de suma importancia para la descalcificación y el funcionamiento óptimo de nuestro *chakra* del tercer ojo.

Potencialmente, los desequilibrios de calcio pueden tratarse o curarse aprovechando los poderes sanadores del cristal de apatita. Una acumulación excesiva de fluorita, una forma de flúor, en la glándula pineal tiene un impacto negativo y perjudicial sobre nuestros patrones de sueño. La apatita puede ayudar a la glándula pineal a disolver estas acumulaciones y restablecer el equilibrio, ya que libera enérgicamente el exceso de calcio y flúor. La apatita también puede ayudar con la hipertensión provocada por un exceso de calcio en el organismo. Aprovecha esta sanación descalcificadora colocando un cristal de apatita sobre las articulaciones, los huesos o directamente en el *chakra* del tercer ojo. Cuando la coloques sobre tu tercer ojo, la apatita azul acelerará tu mente racional para integrar y mejorar tus habilidades intuitivas. También se cree que la apatita equilibra los hemisferios cerebrales, estimulando los neurotransmisores y aprovechando los modos de percepción del cerebro derecho e izquierdo.

Aguamarina

El término «aguamarina» está relacionado con el color de las aguas azules del mar. Esto es coherente con la utilización de la piedra como un cristal sanador y calmante que se presta a la visión espiritual, lo que le permite alcanzar un estado superior de conciencia.

Utiliza este cristal como piedra sanadora y armonizadora para las glándulas desequilibradas colocándolo directamente sobre tu frente para aguzar y cultivar una percepción mental clara. La aguamarina también es poderosa para aprovechar la esperanza y calmar las mentes hiperactivas.

Aventurina azul

La aventurina azul es un cristal vinculado a la fertilidad de la vida y de las ideas, a la expansión y al crecimiento. De hecho, la aventurina ayuda a cualquier cosa a crecer… ¡incluyéndote a ti! Todas las cosas –las plantas, tu impulso, tu motivación– florecen y prosperan en presencia de este cristal. También trae fortuna y suerte a nuevos negocios. Tu crecimiento puede darse interna, espiritual o emocionalmente, lo que permite tu evolución hacia un estado superior de consciencia y conexión cósmica.

Este cristal es una piedra versátil y sanadora, que resuena a nivel energético con la glándula del timo y el sistema inmunitario. Facilita la calma interior y la sanación mental. Trata de infusionar agua con aventurina metiendo el cristal en un vaso, una botella o un cuenco lleno de agua. La aventurina azul es un excelente protector del aura que protege de las emisiones electromagnéticas tales como la luz azul.

La aventurina azul te desconecta de cualquier cosa que esté minando tu energía. Es una piedra de abundancia gozosa, que te ayuda a reconstruir cualquier falta de sentimiento y transformarla en claridad mental enfocada y apertura a todas las maravillosas posibilidades de la vida.

Labradorita

Como cristal principal de la luna nueva, la labradorita nos ayuda a confiar en nuestra propia intuición cuando nos falta la dirección de la luna. La labradorita puede acelerar nuestro crecimiento y nuestro desarrollo espiritual, ayudándonos a enfocar nuestros pensamientos para crear claridad en nuestras intenciones y nuestros deseos más profundos. También es una piedra que crea espacio para la comunicación. Cuando los tonos azul e índigo se alinean con tu garganta y tu *chakra* del tercer ojo, puedes abrirte y hablar con sabiduría desde tu corazón. También puedes utilizar los numerosos destellos de fuego del interior de este cristal como foco para una meditación de observación.

Lapislázuli

El lapislázuli es conocido como la moneda de las reinas y representa el cielo nocturno. Este cristal simboliza la correspondencia cósmica y la idea de que lo que se ve abajo es un reflejo de lo que existe arriba, transportando y compartiendo vibraciones energéticas, como el océano refleja el cielo.

Utiliza esta piedra, que estimula el sistema inmunitario, para la sanación de enfermedades relacionadas con los ojos, así como para ayudar en el proceso de desintoxicación. Cuando se incorpora a una práctica de meditación, el cristal también se puede emplear para acceder al estado dichoso del «cielo en la tierra». Meditar con lapislázuli estimula el *chakra* del tercer ojo, lo que nos permite potenciar un mayor acceso a niveles más altos de conciencia. La alta conductividad eléctrica del cristal canaliza la pureza de la existencia, transformando los bloqueos –emocionales o mentales– para liberar tu espíritu.

Tanzanita o cuarzo aura de Tanzania

Los cuarzos aura activan el cuerpo espiritual y energético, conectándolo al cuerpo físico. Cuando se colocan en los *chakras* como un arcoíris, estos colores de cuarzo elevan la frecuencia vibratoria de cada *chakra* y permiten un estado de consciencia expandido. Los cuarzos aura son la base de la alquimia espiritual, y actúan como poderosas herramientas para la expansión y guía de tu alma y tu espíritu. La tanzanita es un cristal que puede ayudar a que el cuerpo vuelva a alinearse, especialmente para aquellos que experimentan bloqueos debido a un exceso de fluoración. El cristal actúa casi como un antibiótico sutil, eliminando patógenos tanto físicos como metafísicos. Esta piedra también puede transmutar las emociones negativas y ayudar a restaurar la función celular. Emplea estos cristales para transformar las emociones negativas en positivas.

Otros tres cristales del *chakra* del tercer ojo: apofilita, ágata bandeada y celestita

- Puedes colocar un cristal de apofilita sobre el *chakra* del tercer ojo para tranquilizar la mente, erradicar la confusión y mejorar la claridad mental.
- Coloca un cristal de ágata bandeada sobre tu *chakra* del tercer ojo para eliminar cualquier vínculo con una figura de confianza a la que hayas dejado atrás o de la que te hayas alejado.
- Emplea un cristal de celestita sobre tu *chakra* del tercer ojo para abrir el portal a la comunicación psíquica con el mundo cósmico de los celestiales.

DESCUBRE QUÉ CRISTALES NECESITAS EN CADA MOMENTO

Formúlate las siguientes preguntas como guía de conectividad y luego dirígete a la sección «Conoce tus cristales» para determinar qué cristal es el más adecuado para ti en este momento.

- ¿Cuáles son mis emociones y sentimientos en este momento?

_____

_____

• ¿Qué deseo traer a mi vida?

_____

_____

•¿Qué necesito liberar de mi vida?

_____

_____

• ¿Me atrae el color, la textura u otra característica concreta hacia un cristal en particular?

_____

_____

•¿Qué áreas de mi vida necesitan sanación?

_____

_____

• ¿Qué preciso para ser más consciente?

_____

_____

• ¿Qué deseo magnetizar en mi vida?

_____

_____

• ¿Cuán claros son mis pensamientos?

_____

_____

• ¿Necesito confiar más en mí mismo y en mi intuición?

_____

_____

• ¿Me siento atascado, estancado o bloqueado?

_____

_____

- ¿Busco creatividad o inspiración?

_____

_____

- ¿Cómo puedo aumentar mi conexión conmigo mismo y con los demás?

_____

_____

- ¿Alguno de estos cristales resuena conmigo o me atrae?

_____

_____

PURIFICA TUS CRISTALES

Cuando adquieras nuevos cristales, resulta imperativo purificarlos. Esto borrará cualquier energía anterior (piensa en las otras personas que pueden haber sostenido las piedras o cómo pueden haber sido transportadas hasta llegar a ti) y permitirá un estado nuevo único para ti.

Tienes unas cuantas opciones para purificar los cristales:

- Deja los cristales en el sustrato de una planta de interior sana durante veinticuatro horas.
- Deja los cristales al aire libre bajo la luz del sol o de la luna llena durante al menos cuatro horas.
- Sumerge los cristales en el humo que se desprende al quemar salvia.
- Enjuaga los cristales en agua salada, como la del mar.

CARGA TUS CRISTALES

Puedes cargar tus cristales bajo la luz de la luna llena o de la luna nueva.

- Deja los cristales directamente a la luz de la luna, idealmente al aire libre en la tierra (y no en una maceta).
- Si no dispones de un espacio al aire libre, pon los cristales en un recipiente o en un altar de tu elección y colócalos en el alféizar de una ventana que reciba luz total o parcial de la luna.

UTILIZA LOS CRISTALES CON UN PROPÓSITO

Sigue estos pasos para usar los cristales que hayas elegido en función del propósito:

- Identifica tu propósito. Los ejemplos podrían ser «Estoy abierto a», «Estoy motivado para», «Me gustaría», o cualquier otra cosa que te motive.
- Sostén los cristales con las palmas de las manos.
- Pronuncia en voz alta o para ti mismo: «Activo estas piedras».
- Recita o escribe tu intención once veces.
  1. _____
  2. _____
  3. _____
  4. _____
  5. _____
  6. _____
  7. _____
  8. _____
  9. _____
  10. _____
  11. _____

- Cada vez que experimentes una sensación de bloqueo, agotamiento o inquietud, lleva los cristales encima a lo largo del día. Los cristales responden al compromiso y la estimulación.
- Cuando el bloqueo desaparezca, puedes guardar los cristales en un espacio sagrado de tu hogar. (Analizaremos la creación de espacios sagrados en el capítulo 13).

Resumen

Si te sientes bloqueado o agotado o tan sólo necesitas un chute de energía; deja que los cristales que hayas elegido te ayuden a despertar tu inspiración y tu motivación internas. Trabajarán a tu lado para aportarte una sensación de equilibrio, cambiar tu perspectiva, inspirarte, fortalecerte y guiarte para liberar bloqueos a fin de acceder a un estado receptivo. Las piedras descritas en este capítulo son ideales para aprovechar el poder de la glándula pineal para producir melatonina y serotonina, a la vez que te ayudan a despertar y a sentirte inspirado, y a activar la conciencia, la intuición y la claridad de tu *chakra* del tercer ojo.

CAPÍTULO 9

ESTABLECIMIENTO DE INTENCIONES Y PRÁCTICA DE GRATITUD

Pregunta, cree, recibe

«Cuida tus pensamientos; se convierten en tus palabras. Cuida tus palabras; se convierten en tus acciones. Cuida tus acciones; se convierten en tus hábitos. Cuida tus hábitos; se convierten en tu carácter. Cuida tu carácter; porque se convierte en tu destino».

LAO TZU

Establecer intenciones es una práctica poderosa. Al crear una imagen clara de cómo deseas que se sienta y exista tu estado de ánimo en relación con su entorno externo, puedes canalizar la energía necesaria para elevar tu propia vibración, lograr tus objetivos y actuar con consciencia plena.

Crear intenciones claras todos los días, sobre todo tanto por la mañana como por la noche, nos ayudará en la práctica de las técnicas de manifestación. Si bien no podemos controlar todas nuestras circunstancias, podemos elegir cómo nos sentimos y cómo reaccionamos ante cada situación. Si practicamos esta regulación de nuestras respuestas, obtendremos grandes resultados en nuestro bienestar emocional y físico. Regular nuestras emociones puede alterar e influir en cómo respondemos a las circunstancias que nos rodean y dentro de nuestras vidas. Cuando la glándula pineal está liberando melatonina, por ejemplo, podemos sentir la sensación de calma, tranquilidad y relajación necesarias para conciliar el sueño y permanecer dormidos. Y cuando la glándula pineal segrega serotonina, nuestro cerebro genera felicidad y alegría, emociones que nos ayudan a sentirnos fuertes, poderosos y capaces de manifestar los deseos de nuestro corazón. Podemos ayudar a regular y promover mejor estas emociones positivas de relajación, paz y felicidad trayendo a la mente un momento o una imagen alegres, invocando y estableciendo así el tono del día o las horas de sueño que siguen.

El universo responde a nuestra vibración. Es la ley de la atracción: si comenzamos cada día con una actitud positiva e intenciones conscientes, esa energía de alta vibración nos ayudará a manifestar, magnetizar y atraer experiencias similares a lo largo del día. Por el contrario, si empezamos agobiados el día y generando energía de baja vibración, levantándonos con el pie equivocado, como se suele decir, es probable que experimentemos un día lleno de más de ese tipo de energía.

Comenzar el día con energía positiva y emociones cariñosas puede impulsar nuestra actitud y preparar nuestra energía para las próximas veinticuatro horas. Cuando nos conectamos con la sabiduría y la inteligencia emocional de nuestro corazón, podemos avanzar a lo largo del día y establecer intenciones más elevadas con profundidad y finalidad. Sigue los siguientes pasos para completar una lista de comprobación de hábitos de bienestar desde la mañana hasta la noche.

LISTA DE COMPROBACIÓN DEL BIENESTAR MATINAL

Lo primero es lo primero. Incluso antes de levantarte de la cama, expresa gratitud e intención consciente. A mí me gusta decir en voz alta una afirmación positiva e intencional justo después de despertarme.

A continuación, establece tus intenciones y confecciona una lista de gratitud para el día. Guarda este libro o bien un cuaderno en tu mesita de noche. Creo en el poder de escribir las cosas, después de lo cual recito las declaraciones en voz alta. La tinta es importante para establecer intenciones claras y permanentes. Utilizo un bolígrafo de tinta roja porque el rojo indica el poder de manifestación.

Elige al menos tres intenciones y tres cosas por las que estás agradecido, y escríbelas. Estas intenciones deben reflejar tus sentimientos nucleares deseados y tu estado de ánimo preferido, empleando frases que encarnen emociones de alta vibración. Piensa en frases como «Soy», «Logro» o «Doy gracias por», y utilízalas como pautas para establecer el tono de tu día.

Selecciona pensamientos revitalizadores que incentiven y generen sentimientos positivos. Ten la intención de generar acciones que te ayuden a ti y al mundo a experimentar el mayor bien. Reconoce que la gratitud es un componente básico de la abundancia. Mientras redactas tu lista de gratitud, describe en detalle por qué estás agradecido por cada punto. Sé específico. Esto aumentará el agradecimiento y generará más olas de gratitud.

_____

_____

_____

_____

_____

_____

_____

_____

_____

_____

_____

_____

Establecimiento semanal y mensual de intenciones

Resérvate cierto tiempo al principio de cada semana y de cada mes para sentarte y escribir a mano una lista de lo que deseas experimentar en ese momento. ¡Confeccionar y crear una lista de este tipo es el acto supremo tanto de autocuidado como de potencial de manifestación!

ESTABLECIMIENTO DE INTENCIONES

- Encuentra un espacio de calma y tranquilidad.
- Ten a mano tu cuaderno y tu agenda, algunos bolígrafos de colores y una taza de tu elixir sanador favorito, té o café.
- Planifica tu ritual de apertura creando una o varias páginas de visualización. Crea tu propia página de visualización en el espacio en blanco en la página siguiente.

• Redacta una lista de gratitud.

_____
_____
_____
_____
_____
_____
_____
_____
_____
_____

• Anota tus intenciones, así como los pasos prácticos que seguirás para que se manifiesten.

_____
_____
_____
_____
_____
_____
_____
_____
_____
_____

• Define tus prioridades para los días venideros.

_____
_____
_____
_____
_____
_____
_____
_____
_____
_____

Mantras

También va muy bien crear y establecer mantras o ideas de enfoque centrales para los días venideros de la semana o el mes siguiente.

REALIZA UNA LISTA DE MANTRAS

Crea una lista de mantras con frases afirmativas como las siguientes. Guárdala en un lugar visible.

- Lo que es para mí me encontrará.
- Dejo que lo que está destinado a mí entre en mi vida.
- Tengo fe en el universo.
- Confío en el *timing* y mi ritmo de vida.
- Confío en que todo va según el orden divino.
- Estoy abierto y receptivo a lo que fluye hacia mí.
- Espera milagros y éstos se manifestarán.
- Irradia energía positiva.
- Elige la alegría.
- La energía fluye hacia donde van mis intenciones.
- Sé agradecido.
- Comparte y expresa amor.

_____

_____

_____

_____

_____

_____

_____

_____

_____

_____

Resumen

Crear intenciones claramente definidas, infusionadas con energía positiva, ayudará a elevar las vibraciones de tu estado de ánimo. Aprovecha el poder de la gratitud, establece intenciones y regula tus respuestas emocionales para desarrollar mejores hábitos cotidianos.

CAPÍTULO 10

DIARIO DE DESINTOXICACIÓN CEREBRAL

Anótalo y suéltalo

«La mente pensante es lo que está ocupado. Te tienes que quedar en tu corazón. Tienes que estar en tu corazón. Estar en tu corazón. El resto está aquí arriba en tu cabeza, donde estás haciendo, haciendo, haciendo».

RAM DASS

Priorizar el autocuidado no es egoísta. Más bien es una parte clave de la regulación interna, tanto desde el punto de vista emocional como físico, así como un factor de cómo nos mostramos en el mundo. Sin el autocuidado adecuado, no tenemos las herramientas para volver a nuestro centro, nuestra claridad o nuestra fe, ni tenemos la capacidad o la energía para estar al servicio de los demás. Como dice el dicho, «no se le puede pedir peras al olmo».

Si el estrés, la ansiedad, las preocupaciones, los pensamientos persistentes o las agobiantes tareas pendientes saturan tu mente, el rendimiento de la glándula pineal puede verse obstaculizado. Aprender a soltar, liberar y limpiar el desorden puede preparar a la glándula pineal para que cumpla con sus responsabilidades: fabricar la melatonina y la serotonina necesarias para que puedas liberarte, relajarte, reiniciarte, restaurarte, rejuvenecerte y recalibrarte a la hora de irte a dormir y durante la noche mientras duermes.

Tanto en lo profesional como en lo personal, priorizo aprovechar al máximo las mañanas y las tardes practicando rutinas de autocuidado. Éstas optimizan la salud física y el bienestar emocional de la persona más importante de mi vida: yo mismo. Programar tiempo para el autocuidado da como resultado crecimiento espiritual, y puede ayudarnos a expandir nuestra relación con nosotros mismos y con quienes nos rodean.

Para mí, y quizás también para ti, escribir un diario antes de acostarme relaja mi mente para una noche de sueño óptima. Yo llamo a mi rutina de escribir un diario antes de dormir un «volcado de cerebro» o «desintoxicación cerebral». En otras palabras, éste es el momento de anotar cada pensamiento, cada tarea pendiente o cada elemento que se te ocurra. Al transferir esta lista de pensamientos revueltos al papel, podemos sacárnoslos de la cabeza. Esto actúa como una desintoxicación, liberando los pensamientos que nos atan y nos mantienen despiertos por la noche.

Esta actividad nocturna te permite liberar tu mente de las molestas voces internas y de los pensamientos persistentes de tareas pendientes que aparecen cuando intentas conciliar el sueño o, peor aún, te despiertan a las tres de la madrugada, antes de una importante reunión por la mañana.

DIARIO DE VOLCADO DE CEREBRO ANTES DE IRTE A DORMIR

Para esta actividad terapéutica, ponte cómodo en la cama. Arrancar esas interminables tareas pendientes de tu mente y ponerlas en una hoja de papel resulta catártico.

• Anota la fecha y la hora. De esta manera, más adelante puedes consultar la lista para ver qué acciones se han alineado con tus intenciones.

Fecha: Hora:

• Dedica los siguientes minutos a escribir de manera libre lo que te venga a la cabeza. No edites ni censures.

_____

_____

_____

_____

_____

_____

_____

_____

_____

_____

_____

_____

_____

_____

_____

_____

_____

_____

_____

• Una vez hayas terminado, cierra este libro y guárdalo lejos de tu línea de visión directa. ¡Fuera de la vista, fuera de la mente!

Resumen

Haz que esos preciosos minutos antes de irte a dormir sirvan para una práctica diaria de autocuidado. Integra el hábito de escribir un diario en tu rutina nocturna. Emplea el tiempo antes de acostarte como una práctica para dejar en el papel cualquier pensamiento problemático o persistente que tengas. De esta manera, tu cerebro podrá dormir tranquilo sin tener que preocuparse por tu lista de verificación interna.

CAPÍTULO 11

AFIRMACIONES NOCTURNAS ELEVADAS

Invoca la visualización para que se manifieste en tus sueños

«El siguiente mensaje que necesitas siempre está justo donde estás tú».

RAM DASS

Al igual que sucede con las intenciones matinales, la forma en que terminamos nuestro día es de gran importancia, en especial para los niveles de melatonina que regulan nuestro sueño. Es importante para tu glándula pineal, además de para el resto de tu mente y tu cuerpo, dedicar un rato antes de acostarte para desconectar de los acontecimientos del día. Esto te permitirá reiniciar tu sistema y crear el estado de calma y el flujo de melatonina necesarios para una buena noche de sueño.

Es posible que quieras probar una de las secuencias de yoga reconfortantes y reparadoras del capítulo 3, leer un libro, utilizar las indicaciones para escribir un diario o disfrutar de una taza de té… lo que sea que te ayude a abandonar tu lista de tareas pendientes y hacer que tu cerebro pase a un estado relajado. Esto también permite que tu glándula pineal funcione de manera eficiente a la hora de fabricar esas hormonas que actúan como un catalizador para un sueño mejorado y un descanso más saludable.

CONSEJOS PARA ESCRIBIR UN DIARIO

- ¿Qué pensamientos y acciones puedo seguir que me ayuden a sentirme como quiero sentirme?

_____

_____

- ¿Cuáles son mis creencias clave?

_____

_____

- ¿Qué afirmaciones positivas pueden reconfortarme y guiarme en mi estado subconsciente de sueño?

_____

_____

AFIRMACIONES DE CONCIENCIACIÓN NOCTURNAS

- ¿Sobre qué quiero reflexionar?

_____

_____

- ¿Qué acciones intencionales quiero llevar a cabo mañana?

_____

_____

- ¿Qué quiero manifestar mañana?

_____

_____

- ¿Cómo mis acciones de mañana pueden ser buenas para mí y útiles para los demás?

_____

_____

- ¿Cuáles son mis tres prioridades para mañana?

_____

_____

- ¿Por qué tres cosas estoy agradecido esta noche?

_____

_____

Es posible que quieras mantener esta página abierta en tu mesita de noche o al lado de tu almohada para que las intenciones puedan dejarse llevar hacia tu subconsciente mientras duermes.

«Eres lo que tu más profundo y vigoroso deseo es. Como es tu deseo, así es tu voluntad. Como es tu voluntad, así son tus actos. Como son tus actos, así es tu destino».

BRIHADARANYAKA UPANISHAD

Uno de los textos védicos más antiguos, los Upanishads son uno de los fundamentos del hinduismo. La cita anterior es una de mis favoritas: enfatiza y articula el poder de nuestras mentes. Una vez que nos hemos hecho una imagen clara de cómo queremos y, lo que es más importante, esperamos que sucedan las cosas, podemos asegurarnos de que nuestra voluntad se convierta en real.

La visualización es una práctica que nos ayuda a manifestar nuestros sueños en existencia. Sosteniendo imágenes de las experiencias que deseamos manifestar, así como sintiendo las emociones correspondientes como si las experiencias estuvieran ocurriendo realmente, podemos canalizar esta energía para invocar estos acontecimientos a la realidad.

Este ejercicio te ayudará a recuperar y recibir sabiduría de tu consciencia y a inspirarte en la magia de la vida. Practicar la visualización, tanto antes de acostarte como a primera hora de la mañana, te ayudará a manifestar aquello que quieres en tu vida.

EJERCICIO DE VISUALIZACIÓN-INVOCACIÓN

- Siéntate en un lugar cómodo donde nadie te moleste.
- Cierra los ojos, respira profundamente e imagina lo que estás esperando recibir en tu vida.
- Mientras lo visualizas, intenta experimentar con plenitud cada sensación, cada emoción y cada sentimiento que la experiencia te traerá.
- Mantén estos sentimientos como si el acontecimiento estuviera pasando en este mismo momento.

Al crear la imagen y sentir sus elementos, puedes aprovechar tu glándula pineal, tu *chakra* del tercer ojo y el poder de tu cerebro para transformar estas imágenes mentales en una realidad actualizada.

Resumen

Las prácticas que se han tratado en este capítulo también pueden ayudar a desintoxicar la glándula pineal para que pueda fabricar melatonina y serotonina de manera efectiva. Si bien la glándula pineal se autorregula, aún puede caer presa de la inactividad, la disrupción, la discapacidad o la supresión. Estos ejercicios son ejemplos de cómo estimular la glándula pineal.

La invocación de visualización puede ser un proceso poderoso que facilite el camino hacia el sueño lúcido, en el que somos conscientes, de hecho, de que estamos soñando, lo cual está directamente relacionado con la función de la glándula pineal. Puedes mejorar los sueños lúcidos aumentando los niveles de melatonina; cuanto más altos sean los niveles, mayor será la calidad de tus sueños durante la noche. Los sueños lúcidos también pueden ser el resultado de técnicas de visualización previas, lo que permite que tu *chakra* del tercer ojo esté completamente abierto durante tu estado subconsciente y aumente la calidad de tus sueños. ¡Puedes despertar al día siguiente con una nueva claridad y conciencia!

CAPÍTULO 12

DRENAJE LINFÁTICO
Y MOVIMIENTO CONSCIENTE

Estimula la circulación y desintoxica el cuerpo para un descanso mejor

«No siempre puedes controlar lo que pasa fuera. Pero siempre puedes controlar lo que pasa dentro».

WAYNE DYER

He observado que tanto mi cerebro como mi cuerpo funcionan mejor cuando hago que el movimiento sea una necesidad en mi rutina diaria, sobre todo a primera hora de la mañana.

Ya sea yoga, pilates, ir en bicicleta o caminar, hacer del movimiento una prioridad matinal puede resultar en extremo útil para establecer el tono de tu día. Realizar este importante elemento a primera hora puede mejorar tanto tu estado mental como físico. ¡Y si llevas a cabo tu entrenamiento por la mañana, las excusas posteriores no pueden impedir que consigas esa dosis diaria de ejercicio que eleva las endorfinas!

La investigación ha demostrado que el movimiento y el ejercicio regulares alivian el estrés, así que haz que fluyan las endorfinas y se active la circulación sanguínea. El ejercicio y el movimiento también crean claridad mental, lo que nos ayuda a enfocarnos y concentrarnos a lo largo de todo el día. El chute de salud física y mental que provoca el movimiento potenciará, calmará y estabilizará tu organismo, lo que, a su vez, te ayudará a dormir mejor por la noche.

El drenaje linfático es una herramienta útil para liberar la energía bloqueada. Liberar la congestión que se ha manifestado en el cuerpo físico permite que la mente, los *chakras*, la energía, el sistema nervioso y las glándulas funcionen de manera más eficiente. La glándula pineal necesita fabricar serotonina y melatonina de manera efectiva para que el resto de los sistemas corporales funcionen sin problemas. Cuando los sistemas están frenados o bloqueados, no puede pasar de manera efectiva. El drenaje linfático manual y el movimiento consciente pueden ayudar a catalizar estas acciones.

El drenaje linfático ofrece algunos de estos beneficios para la salud emocional y física:

- Mejora la función inmunitaria.
- Aumenta la circulación sanguínea y la regeneración de los tejidos.
- Estimula el flujo linfático para una eliminación más rápida del exceso de líquido.
- Reduce la hinchazón, la tumefacción y la retención de líquidos.
- Elimina toxinas.
- Reconforta el cuerpo y la mente.
- Aumenta la sensación de ligereza en el cuerpo.
- Potencia la claridad mental.

La linfa es un líquido claro que circula por todo el cuerpo, donde actúa como un método de eliminación para facilitar el proceso natural de desintoxicación. La linfa trabaja para limpiar y enjuagar las arterias y los tejidos conectivos. A diferencia del corazón, que mueve la sangre, el sistema linfático no tiene una bomba para impulsar la linfa por todo el organismo. Por ello, la linfa depende principalmente de la acción muscular del cuerpo para estimular el movimiento. Introduce el masaje de drenaje linfático manual.

Esta técnica de masaje la puede aplicar un profesional o también la puedes hacer tú en casa utilizando una herramienta de masaje de drenaje linfático, como por ejemplo, una paleta. El masaje estimula el movimiento de la linfa hacia los ganglios linfáticos, que se encuentran sobre todo en las axilas, el cuello y la zona de las ingles. El objetivo es acelerar la eliminación del exceso de líquido, dirigiéndolo hacia los vasos capilares mediante movimientos específicos para eliminarlo de forma eficaz.

AUTOMASAJE DE DRENAJE LINFÁTICO

Para realizar tu propio masaje de drenaje linfático, prueba la siguiente rutina:

- Coge una paleta de madera para masaje linfático y un aceite hidratante.
- Frota el aceite en las zonas que vas a masajear. Este paso es importante para proteger la piel cuando la manipules con la paleta.
- Comienza por despertar tu sistema linfático bombeando los ganglios linfáticos principales.

Bombea la parte posterior de las rodillas y las axilas cinco veces cada una.

- A continuación, y manteniendo la paleta en posición horizontal, comienza a frotar con suavidad mientras te desplazas desde el tobillo hasta la parte interna del muslo. Haz de tres a siete movimientos por pierna.
- Después, coloca la paleta en posición vertical y desplázala suavemente desde el tobillo hasta la parte externa del muslo. Haz de tres a siete movimientos por pierna.
- A continuación, masajea la parte posterior de las piernas con la ayuda de la paleta de nuevo en posición vertical. Puedes apoyar las piernas en una silla para facilitar el acceso a la parte posterior de las rodillas. Desplaza la paleta hacia dentro y hacia arriba hasta acceder al pliegue de los glúteos entre la parte superior del muslo y la nalga.
- Por último, masajea los brazos con la pala en posición vertical. Muévete desde la muñeca hasta la axila y repite en la parte externa del brazo. Haz de tres a siete movimientos por brazo.

DRENAJE LINFÁTICO FACIAL

Para drenar la linfa de la cara, practica la siguiente rutina:

• Elige un sérum para el cuidado de la piel y mézclalo con una o dos gotas de aceite facial.
• Aplica suavemente el sérum en la cara, la frente y el cuello, siguiendo un movimiento hacia abajo.
• También puedes utilizar un *gua sha* de cuarzo rosa o de jade, una herramienta de masaje de piedra o un rodillo facial para facilitar que el sérum penetre profundamente en la piel y potencie el drenaje linfático.

Con la ayuda de la herramienta que desees, comienza en los puntos sinusales en el puente de la nariz.

• Con mucha suavidad, desplaza la herramienta hacia un lado y, a continuación, traza una ligera forma de «U» y arrástrala hacia abajo. Realiza este movimiento de tres a cinco veces.
• A continuación, desplázate hasta el lado de la mandíbula con un movimiento de deslizamiento similar hacia el lado y luego arrastrando la piel, y, con ella, el líquido linfático del interior, hacia abajo.
• Después, da la vuelta a la herramienta (si utilizas una piedra *gua sha*) para emplear el borde plano debajo del mentón, acariciando el cuello hacia la clavícula. Éste es un paso clave para mover el líquido para que drene hacia abajo, en dirección al corazón.
• Finalmente, si lo deseas, puedes suavizar las líneas finas de la frente acariciando con suavidad el entrecejo con un movimiento hacia arriba.

Resumen

Haz que el movimiento y el poder sanador del tacto sean una prioridad diaria. Del alma al espíritu, a la mente y al cuerpo, la utilización de prácticas de movimiento y masaje puede ayudar a aliviar y liberar la energía estancada, a desbloquear la resistencia y a liberar el estrés o la tensión física. Integra estas prácticas conscientes a tu rutina para elevar tu bienestar emocional, físico y energético.

CAPÍTULO 13

CONFIGURA Y DISEÑA TU DORMITORIO COMO UN ESPACIO SAGRADO PARA DORMIR

Descansa con facilidad en un espacio de sueño sereno

«Eres lo que quieres llegar a ser».

THICH NHAT HANH

Tu hogar es una extensión de tu energía. Dado que tu espacio físico es un reflejo de tu ser energético, el modo en que configuras este espacio es importante. Piensa en esto como un ejercicio físico para cultivar lo que quieres manifestar en tu vida.

Si estás rodeado de desorden, es probable que tu mente sienta lo mismo y que tus pensamientos sean dispersos y poco claros. La buena noticia es que lo contrario también es cierto: si tu hogar, y más en concreto tu dormitorio, está organizado, ordenado de manera intencionada, libre de desorden y tranquilo, es probable que puedas relajarte y respirar con facilidad. El santuario tranquilo y relajante de tu dormitorio se convertirá en un lugar en el que desearás instalarte para reiniciarte gracias a una noche de sueño saludable.

Como nuestra mente puede reflejar nuestro espacio físico, crear un santuario en tu dormitorio que exude calma y tranquilidad es un elemento clave para lograr un mejor sueño. Para asegurarte de que la glándula pineal funciona de manera eficiente, realiza una inspección del espacio de tu cama y tu dormitorio. ¿La zona te hace sentir tranquilo, relajado y cómodo? Si es así, genial; ¡tu glándula pineal probablemente esté fabricando serotonina, seguida de melatonina, mientras hablamos! De lo contrario, quizá haya llegado la hora de hacer una limpieza profunda y renovar el entorno de tu dormitorio, las sábanas o incluso tu propia cama. ¡Empecemos!

Para un sueño óptimo, el ambiente ideal promoverá la positividad, la relajación y la tranquilidad. Revitalizar este espacio íntimo y sagrado (en el que pasas aproximadamente un tercio de tu vida) tiene el poder de replantear tu perspectiva sobre la comodidad, la seguridad y la estabilidad. Aparte de los beneficios físicos del sueño, recalibrar tu mente puede ayudarte a recanalizar cualquier energía caótica o turbulenta hacia un estado más tranquilo que esté preparado para el descanso.

A menudo, el cambio es un catalizador transformador para la acción. Por otro lado, la resistencia o el rechazo al cambio pueden conducir al estancamiento y la inacción. Incluso el cambio más pequeño y simple en tu rutina diaria (a la hora de acostarse o en cualquier otro momento) puede dar lugar a unos resultados importantes. ¡Así que imagínate cómo puede afectar a tu calidad de vida y de sueño hacer cambios a gran escala!

Primero, lo obvio: tu cama. Cambiar el colchón o las sábanas (o, mejor aún, ambos) puede mejorar tanto la cantidad como la calidad del sueño. Si te despiertas cansado todas las mañanas a pesar de lo mucho que has dormido o con las articulaciones rígidas y doloridas y una disposición menos que alegre, puede ser una señal de que ya ha llegado la hora de renovar el dormitorio.

Prepárate para un sueño exitoso

Empecemos por el colchón. Al dormir, al igual que en cualquier otra actividad física, nuestro cuerpo responde al entorno en el que nos encontramos, así como al equipo que nos sostiene. No correrías una maratón ni harías una travesía por la montaña sin estar debidamente equipado, ¿verdad? Encontrar un colchón que soporte de manera adecuada todo tu cuerpo es igual de importante.

Buscar «el» colchón es similar a la búsqueda de la pareja perfecta. Cuando buscas la pareja adecuada, coqueteas con una lista de opciones. A primera vista, te sientes atraído por ese envoltorio fresco, intrigado por sus promesas de potencial. Pero tu objetivo final es un colchón que funcione y respalde tus necesidades, tu crecimiento y tu bienestar.

Al igual que encontrar una pareja en la vida, comenzar con una lista de comprobación de necesidades y deseos sirve para seleccionar un colchón. Actualicé mi colchón a uno Stearns & Foster Luxury Queen, y desde entonces espero con ansias acostarme y despertarme bien descansada en lo que llamo «el trono de la nube» por su increíble suavidad y su plataforma elevada. Hay cosas que debes tener en cuenta y preguntas que debes hacerte al elegir un colchón que se adapte a tus hábitos a la hora de irte a dormir y a las necesidades únicas de tu cuerpo.

SELECCIONA EL COLCHÓN PERFECTO PARA TI

Ten en cuenta estos puntos a la hora de elegir un colchón que se adapte a tus hábitos a la hora de irte a dormir y a las necesidades únicas de tu cuerpo:

- En primer lugar, piensa a qué altura del suelo preferirías dormir. Esto te ayudará a determinar el grosor de tu colchón.
- En segundo lugar, piensa en tu posición para dormir, tus preferencias de sábanas, de temperatura y otros hábitos. También ten en cuenta si es probable que sólo estés tú en la cama o si prevés compartir la cama con una pareja.
- ¿Duermes de costado, bocarriba o bocabajo?
- ¿Prefieres dormir en un colchón que sea blando, duro o una combinación de ambos?

Las mejores sábanas y almohadas

Tu dormitorio y tu propia cama deben ser un santuario reservado para las tres R:[1] relajación, romance y reposo. Considera cambiar las sábanas y las almohadas por tejidos más suntuosos que se vean lujosos y nutran tu cuerpo y tus necesidades.

Descansar lo suficiente y establecer un ciclo de sueño saludable depende de muchos factores, incluida la temperatura corporal. La temperatura de tu dormitorio puede tener un impacto significativo en la calidad de su sueño. Según una encuesta realizada por la National Sleep Foundation, una temperatura ambiental fresca es uno de los factores más importantes para dormir bien por la noche. Los descubrimientos de la organización fueron que la mejor temperatura en el dormitorio para una noche de sueño de calidad es de unos 18,3 °C.

Si bien esto puede variar un poco en función de la persona, mantener el termostato entre 15,6 y 19,4 °C es óptimo para dormir mejor. Teniendo esto presente, cambiar las sábanas, las fundas de la almohada y los edredones por materiales que promuevan el frescor puede ir muy bien para mantener una temperatura corporal constante y fresca durante toda la noche. Los tejidos transpirables que absorben la humedad, como el algodón, el lino, la seda o el satén, pueden ayudar a promover un sueño mejor. Como beneficio adicional, estos tejidos pueden ayudar a evitar alergias y a mejorar la salud respiratoria, además de ser suaves con la piel y el cabello. Y no todas las almohadas son iguales. Quizá valga la pena invertir en una almohada hecha a medida como Pluto, que se fabrica según las especificaciones y las preferencias de tu cuerpo y cómo duermes. Al elegir una almohada, también es esencial tener en cuenta la posición en la que duermes. Por ejemplo, las personas con apnea del sueño, reflujo gástrico, alergias o problemas respiratorios pueden beneficiarse de una almohada más alta que proporcione un pequeño ángulo para facilitar el drenaje y aliviar la congestión nocturna.

---

1. Pacheco, P.: «The Best Temperature for Sleep». Publicado el 24 de junio de 2021. Disponible en: www.sleepfoundation.org/bedroom-environment/best-temperature-for-sleep

Dormitorio *feng shui*, tu camino

Convierte tu dormitorio en tu santuario sagrado buscando, para ello, la armonía y el equilibrio según los principios del *feng shui*. Se cree que el *feng shui* (dos palabras chinas que se traducen como «viento» y «agua») deriva de un poema que describe la vida humana conectada con el entorno circundante y fluyendo con él.

Esta filosofía incorpora la práctica de colocar los elementos físicos en un espacio para crear un equilibrio con el mundo natural. El objetivo es aprovechar las fuerzas energéticas, estableciendo armonía entre tú y tu entorno. En este caso, ese entorno es tu dormitorio y tu propia cama.

Queremos desterrar todas las intrusiones mentales y emocionales del dormitorio, en especial de la zona que rodea directamente la cama. Nada de trabajo, nada de pantallas (la luz azul de los dispositivos digitales puede alterar nuestro ritmo circadiano natural y la capacidad del cerebro para conciliar el sueño). ¡Y ordenar, ordenar, ordenar!

Dado que pasamos ocho o más horas todos los días en un espacio sagrado, elevar los elementos energéticos de los principios del *feng shui* en las zonas de los dormitorios que rodean tu lugar sagrado de descanso puede ser beneficioso para crear la claridad y la amplitud necesarias para que tanto el cuerpo como la mente se relajen por completo para una noche de sueño saludable.

Para poner en práctica el *feng shui*, analicemos sus conceptos básicos:

- La posición dominante: el punto focal. Debe ser el espacio principal, la cama, donde pasas la mayor parte del tiempo cuando te encuentras en el dormitorio. Esta posición dominante debe encontrarse en el lugar más alejado de la puerta o del punto de entrada y, de manera ideal, en diagonal a éste, con una línea de visión clara sin estar en línea directa. Esto equilibra la energía sin situar la cama en un espacio en el que potencialmente la energía puede canalizarse de forma caótica desde la entrada y la salida.
- El *bagua*: el mapa que nos permite evaluar el campo de energía del entorno. Ésta es una palabra china que se traduce como «ocho zonas» que se correlacionan con diferentes situaciones de la vida,

como los estudios, la familia o la riqueza. En el centro de esta zona hay una novena zona, que te representa a ti y a tu bienestar general.

- Los cinco elementos: tierra, fuego, metal, agua y madera. Los cinco elementos son fases de la vida que están interrelacionadas y trabajan juntas para conectarse y crear un sistema completo. Los principios del *feng shui* mantienen estos cinco elementos equilibrados tanto en el espacio de tu hogar como en tu vida.

FENG SHUI PARA TU DORMITORIO

Una vez que hemos resumido los conceptos básicos, veamos una lista de comprobación sobre cómo aplicar el *feng shui* en tu dormitorio.

- Comienza quemando salvia, palo santo o cedro para limpiar la energía del interior de la habitación. El objetivo es expulsar cualquier energía persistente, bloqueada o estancada del espacio.
- Asegúrate de que la cama, el mueble más importante de este espacio, se encuentre en el punto focal o en la posición dominante.
- Coloca la cama de modo que tenga acceso visual diagonal a la puerta sin estar directamente en línea con ella. Esto crea una sensación de seguridad y estabilidad a la vez que evita amenazas.
- No coloques la cama directamente debajo de una ventana. Una vez más, esto fomenta la seguridad y la protección.
- Pon un cabezal en la cama. El cabezal debería estar pegado a la pared con un espacio amplio a ambos lados para las mesitas de noche. Los cabezales proporcionan una mayor sensación de apoyo.
- Coloca una mesita de noche o una mesa auxiliar a cada lado de la cama. Simboliza la energía armoniosa y amorosa de una pareja. También puedes utilizar dos lámparas similares o a juego en cada mesita de noche y al menos dos almohadas en la cama.
- Coloca plantas (un número mínimo; no te excedas) de manera estratégica en la habitación. Las sansavierias y los espatifilos son buenas opciones para purificar el aire mientras duermes, ya que liberan grandes cantidades de oxígeno durante las horas nocturnas.

- Mejora la energía calmada de tu dormitorio manteniéndolo libre de dispositivos electrónicos, objetos pesados y con bordes afilados.

Qué hacer y qué no hacer con el feng shui de tu dormitorio

Usa colores clave. En el *feng shui*, determinados colores promueven la paz, la calma, la relajación y un sueño productivo y reparador. Los tonos apagados que puedes encontrar en la naturaleza, así como los blancos y los cremas, pueden ser propicios para el descanso.

Incorpora el olor. Utiliza aceites esenciales mediante un difusor o velas. La lavanda, el jazmín, el sándalo y el eucalipto son aromas que promueven la sanación y la energía reparadora. Analizaremos en más profundidad los olores en el capítulo 14.

Ten un vaso de agua con infusión de limón en tu mesita de noche para rehidratarte y desintoxicarte durante la noche.

No tengas espejos. Un espejo delante de la cama puede invitar a energía extra, alterando los límites de tu espacio para dormir. Los espejos también reflejan energía alrededor de tu espacio, lo que puede interrumpir el sueño.

No tengas cuadros o fotografías grandes. Estas imágenes pueden traer energía pesada o amenazante.

No tengas desorden debajo de la cama. El desorden puede promover el estrés y la energía caótica.

Resumen

Aprovecha al máximo tu dormitorio creando un ambiente tranquilo y relajante. Elimina el desorden y la energía que conlleva. Haz que mantener el espacio de tu dormitorio sea una práctica de minimalismo consciente. Selecciona las sábanas y los colores con consciencia y mantén el dormitorio como un lugar que promueva la relajación, la sanación y un sueño más eficiente.

CAPÍTULO 14

LA MAGIA HERBAL EN LOS ACEITES ESENCIALES

Cómo utilizar la medicina de la naturaleza para un sueño relajante

«Prende fuego a tu vida.
Busca a los que avivan tus llamas».

RUMI

El olor tiene la poderosa capacidad de relacionarse con experiencias importantes y evocar al instante recuerdos intensos y los sentimientos asociados con los acontecimientos recordados.

Esta fuerte correlación surge de la conexión directa de nuestro sentido del olfato con el cerebro y sus centros de memoria y emoción. Las células de la nariz detectan los olores y envían la información directamente al cerebro a través del nervio olfativo. Entonces, transmite señales a los sistemas límbicos del cerebro, incluida la amígdala, que controlan nuestra memoria y nuestras reacciones emocionales. Una brisa en la playa puede desencadenar una sensación relajante similar al estado de descanso creado por la melatonina. O el olor de una fragancia relacionada con un recuerdo feliz puede provocar una emoción agrandada como la inducida por una dosis de serotonina de la glándula pineal.

El olfato es el único sentido que llega directamente a los centros de emoción y memoria del cerebro en lugar de pasar por el tálamo como sucede con otra información sensorial.[1]

Aquí es donde entran en juego modalidades de sanación como la aromaterapia y los aceites esenciales. Hipócrates, el médico de la Grecia antigua, estudió los aceites esenciales y sus efectos, y fue un gran defensor de sus propiedades sanadoras y promotoras de la salud.

Se cree que los aceites esenciales tienen muchos beneficios, entre los que se incluyen promover hábitos de sueño saludables, aliviar o reducir el estrés, aliviar el dolor y regular el estado de ánimo. Estos aceites se han empleado durante mucho tiempo para mejorar la relajación y el bienestar físico. Los aceites esenciales pueden aliviar los patrones de sueño disruptivos y mejorar la calidad del sueño. Los efectos de los aceites esenciales pueden compararse con los de la acupresión y el masaje. Utilizar aceites esenciales diseñados para promover el sueño puede mejorar tanto la calidad del sueño como la de vida en general.

Todos los imprescindibles: aceites para manifestar tu mejor sueño hasta el momento

Para tener tu mejor sueño hasta el momento, convierte la hora de acostarte en una experiencia sensorial total empleando el poder de los aceites esenciales y los aromas como parte de tu rutina. Éstos son algunos de los aceites esenciales que recomiendo para mejorar la calidad y la cantidad de tu sueño:

Lavanda: es uno de los aceites esenciales más conocidos y populares para el sueño y la relajación. La lavanda desprende un aroma relajante y se ha utilizado durante mucho tiempo como remedio natural para tratar la ansiedad. Tiene efectos sedantes y mejora la calidad del sueño, aumenta la cantidad de sueño y eleva el estado de calma.

---

1. Zaraska, M.: «The Sense of Smell in Humans Is More Powerful Than We Think», *Discover Magazine*, 10 de octubre de 2017. Disponible en: www.discovermagazine.com/mind/the-sense-of-smell-in-humans-is-more-powerful-than-we-think.

Vainilla: el dulce aroma de la vainilla se viene utilizando desde hace mucho tiempo para la relajación y el alivio del estrés. La vainilla puede tener un efecto sedante, reducir la hiperactividad y la inquietud, calmar y tranquilizar el sistema nervioso, aliviar la ansiedad y la depresión, y levantar el ánimo.

Rosa y geranio: estos dos aceites esenciales tienen aromas florales similares. Se ha demostrado que ambos reducen el estrés y la ansiedad, tanto solos como en combinación con otros aceites esenciales.

Jazmín: dulce y floral, se cree que el jazmín mejora la calidad del sueño y reduce la excitación, al mismo tiempo que alivia la ansiedad y el estrés.

Sándalo: históricamente utilizado para la relajación y el alivio de la ansiedad, el sándalo tiene efectos sedantes que ayudan a reducir el estado de alerta y la vigilia, a la vez que promueve una mayor cantidad de sueño.

Raíz de valeriana: a menudo conocida como la medicina de la naturaleza, esta hierba es uno de los puntales del reino vegetal. Repleta de ácido isovalérico, ácido valerénico y muchos antioxidantes, la raíz de valeriana tiene compuestos que promueven el sueño, reducen la ansiedad y descomponen el ácido aminobutírico, un mensajero químico que ayuda a regular los impulsos nerviosos en el cerebro y el sistema nervioso. Gracias a ello, la raíz de valeriana ayuda a crear el mismo tipo de calma y tranquilidad que a veces aportan los fármacos.

Manzanilla: los efectos calmantes de la manzanilla provienen de su alta concentración del antioxidante apigenina. Esta molécula ayuda a reducir la ansiedad y el estrés, iniciando la tranquilidad necesaria para dormir.

UTILIZA LOS ACEITES ESENCIALES PARA LA RELAJACIÓN Y CONSEGUIR UN MEJOR SUEÑO

Las actividades siguientes emplean esencias y aceites esenciales para relajar y ayudar a dormir:

- Toma un baño. El uso de aceites esenciales en un baño sanador y relajante al final del día es un excelente antídoto ante cualquier factor estresante. Sumérgete en agua tibia infusionada con tres a quince gotas de aceites esenciales y sales de Epsom unos noventa minutos antes de acostarte para relajarte, remojarte y eliminar los factores estresantes del día.
- Utiliza un difusor de aceite. Llena un difusor con el aceite que hayas elegido. El difusor dispersará los aceites esenciales por el aire, lo que aumentará el estado de calma, la relajación y la disposición para dormir.
- Crea tu propia agua nebulizada de aceites esenciales. Puedes mezclar un aceite esencial y agua en una botella con atomizador o una botella de *roll on*. Rocía el dormitorio, las sábanas o tu cuerpo. Para evitar irritaciones u otras reacciones adversas, emplea únicamente de cuatro a cinco gotas de aceite por cada media taza de agua.
- Aplica aceite esencial diluido con agua en los puntos de presión, tales como las muñecas o detrás de las orejas.

Ten en cuenta: los aceites esenciales sin diluir están muy concentrados y pueden irritar la piel. No apliques un aceite esencial directamente sobre la piel a menos que lo hayas diluido con un aceite de base como el aceite de coco.

Resumen

Saca el máximo partido a la medicina de la naturaleza, las plantas, infusionando aceites esenciales en tu espacio o utilizando la aromaterapia con aceites esenciales tópicos en *roll on*. Deja que tus aromas sanadores te recuerden que te tienes que tomar un descanso, o unos cuantos, para respirar, disfrutar y relajarte.

CAPÍTULO 15

VIAJA Y CONECTA CON LA NATURALEZA

El impacto del elemento tierra

«Viajar devuelve el poder y el amor a tu vida».

Rumi

Cuanto mejor te sientes, más permites. Permitir proviene de sentirte mejor y ser receptivo ante las posibilidades del mundo. Aquí es dónde, por qué y cómo el poder de viajar puede cambiar nuestra perspectiva y energía hacia ese punto de permitir y de ser receptivo y abierto. Viajar estimula nuestro espíritu, despierta nuestro sentido de asombro y desencadena nuevas reacciones en nuestro cerebro.

La forma en que nos vestimos y nos presentamos al mundo puede hacer mucho por nuestra salud mental. Los términos «vestirse de dopamina» y «vestirse para la felicidad», tal y como los describe la marca brasileña Farm Rio, exploran el fenómeno de utilizar determinados colores, patrones y estampados para evocar emociones positivas (piensa en el ambiente alegre y relajado de la playa de un viaje a Río de Janeiro). Al igual que sucede con la memoria de olores, vestirnos como si estuviéramos de viaje, por ejemplo, puede hacernos sentir las mismas emociones animadas que estar de vacaciones, aunque físicamente no podamos viajar a una isla tropical o estar en comunión con la naturaleza en las montañas.

Si tenemos la suerte de viajar, ello puede mejorar nuestra salud emocional y física, incluida la de nuestro ciclo de sueño. Viajar nos permite abrazar por completo nuestros cinco sentidos a la vez que activamos nuestra glándula pineal y el *chakra* del tercer ojo con un sentido de claridad y despertar.

Canalizar esa sensación de energía procedente de los viajes puede conducir a un impulso en la salud mental, la creatividad y el propósito. Los viajes nos muestran la vida desde una perspectiva diferente, presentándonos el potencial y la posibilidad de reestructurar nuestra propia vida. Viajar es el último acto de autocuidado, y nos permite ir más allá de nuestra zona de confort y experimentar la vida de nuevas maneras.

¿Qué sucede si no puedes viajar físicamente? Prueba unas vacaciones virtuales a uno de tus destinos favoritos o a algún lugar nuevo mirando fotos o haciendo un recorrido *online*. O bien opta por unas «quedaciones» o incluso una escapada de un día por los alrededores de donde vives. Salir de tu rutina diaria y experimentar algo nuevo puede abrirte las puertas al potencial creativo de la mente y refrescar cualquier energía que se sienta bloqueada. Incluso puedes planificar unas vacaciones que no se lleguen a manifestar de forma física y que sólo consistan en visualizarte en el destino y sentir como si estuvieras experimentando las emociones y las vistas del lugar, sin los gastos de hotel y desplazamiento. La emoción anticipada y la alegría de planificar un viaje a menudo son tan importantes como los beneficios para la salud mental de realizar el propio viaje.

La naturaleza y el poder de conectar con la tierra (*earthing* o *grounding*) son otras facetas de los viajes que pueden mejorar nuestra salud tanto mental como física. Algunos estudios sugieren que pasar tiempo al aire libre puede mejorar el sueño. La acampada, por ejemplo, puede restablecer la alineación del cuerpo con los ciclos de luz y oscuridad de la naturaleza, lo que puede dar lugar a un sueño más largo, profundo y productivo. El concepto de conexión con la tierra también es útil para equilibrar, nutrir y restablecer patrones de sueño saludables.

Piensa en la tierra como un enorme imán con depósitos de energía, incluida la energía que se encuentra sólo dentro de la tierra. Todo (cada objeto, cada criatura, cada persona) está conectado con esta fuerza eléctrica, y cuando estamos conectados con la tierra, podemos aprovechar la interconexión que une a todas las entidades en todo el universo.

De manera más literal, estar conectado con la tierra significa que estás alineado, centrado, equilibrado, estabilizado y fortalecido, con una tensión o un estrés mínimos o nulos. Estás en unión con tu presencia como ser vivo en este planeta; tus células están conectadas y son propicias tanto para emitir como para recibir frecuencias a través de tu propio sistema (muscular, esquelético y nervioso), ya que están abiertas para transmitir energía de otras entidades y del entorno. Como todos los seres vivos de este planeta, estamos conectados con la energía eléctrica de la tierra. En la mayoría de las sociedades, sin embargo, los seres humanos rara vez andan descalzos, lo que interfiere con la capacidad de absorber esta energía como sí pueden hacer muchos animales. Los zapatos actúan como una barrera para la energía terrestre, más aún si vives o trabajas en un entorno urbano o en un edificio a gran altura.

Hay muchos beneficios sanadores relacionados con la práctica de la conexión con la tierra. Algunas investigaciones han revelado que el contacto eléctricamente conductivo entre el cuerpo humano y la superficie de la tierra provoca efectos interesantes en la fisiología y la salud de nuestro organismo y de nuestro cerebro. Los efectos pueden incluir los siguientes beneficios:[1]

- Reducción del estrés.
- Disminución de la inflamación y del dolor relacionado.
- Mejora de la circulación.
- Mejora de la reparación y de la función celular.
- Cicatrización de heridas y respuestas inmunitarias proactivas.
- Mejora en la eliminación de residuos y desintoxicación.
- Restauración de la homeostasis.
- Calma mental.
- Equilibrio y estabilización.

---

1. Oschman, J., *et al.*: «The Effects of Grounding (Earthing) on Inflammation, the Immune Response, Wound Healing, and Prevention and Treatment of Chronic Inflammatory and Autoimmune Diseases», *Journal of Inflammation Research*, vol. 8, pp. 83-96 (2015). Disponible en: www.ncbi.nlm.nih.gov/pmc/articles/PMC4378297

- Prevención potencial y tratamiento de enfermedades inflamatorias crónicas y autoinmunes.

MARAVILLA NATURAL: EJERCICIO PARA CONECTAR CON LA TIERRA

Es probable que no puedas renunciar por completo a los zapatos, pero puedes romper el patrón de desconexión. La buena noticia: andar descalzo, aunque sea sólo media hora, tiene el potencial de marcar la diferencia.

- Lo primero es lo primero: quítate los zapatos y los calcetines.
- Sal al aire libre.
- Siéntate, quédate de pie o, mejor aún, camina por el césped, la arena, el suelo o incluso el cemento. A través de estas superficies conductoras, tu cuerpo puede aprovechar la energía sanadora de la tierra.
- Si es posible, haz de este contacto parte de tu rutina diaria para aprovechar al máximo el poder sanador de la energía de la tierra. Esta energía se entrelazará con tu propio campo electromagnético, viajando a través de tu campo de energía interno y todos tus *chakras*, incluido el del tercer ojo.

Elimina las preocupaciones: sanación marina para la mente, el cuerpo y el alma

«La cura para todo es siempre agua salada: el sudor, las lágrimas o el mar».

ISAK DINESEN

Me autoproclamo persona de playa, y creo que cualquier cosa que me aqueje –física o emocionalmente– puede y será aliviada con un viaje a la orilla. Desde la fresca brisa costera y las olas rugientes hasta las impresionantes salidas y puestas de sol y los interminables horizontes panorámicos, observar el poder de las mareas aporta restauración y reverencia.

La playa y su horizonte del cielo encontrándose con el mar, con las olas rompiendo en la orilla, son en sí mismos una meditación emotiva. Este lugar natural de reflexión meditativa es uno de los numerosos motivos del vínculo psicológico entre el mar y un estado de calma y satisfacción. Y dado que el *chakra* del tercer ojo está vinculado con tonos de aguamarina y otros tonos azules, estar rodeados de estos tonos puede ayudarnos a aprovechar la energía sanadora del mar. El *chakra* del tercer ojo también está asociado con la luz, y absorber el sol brillante de la playa, con independencia de si permanecemos sentados en silencio o caminando por la arena, puede ayudarnos a equilibrar y abrir este *chakra*.

El poder sanador del mar también es homeopáticamente intenso. El agua salada del mar está cargada de minerales como magnesio, zinc, hierro, potasio, yodo y sodio, y se ha utilizado durante mucho tiempo para tratar un enorme abanico de problemas. La inmersión o la proximidad a las aguas del mar puede desencadenar cualquiera de estos beneficios tanto para el cuerpo como para la mente:

• Curación mejorada y acelerada de heridas.
• Relajación.
• Estado de reposo y digestión del sistema nervioso parasimpático.
• Estado meditativo.
• Reducción de estrés.
• Tranquilidad mental.
• Oxigenación de la sangre.
• Alivio de enfermedades de la piel, como psoriasis o eccemas.
• Limpieza y purificación.

EJERCICIO DE DESPERTAR FRENTE AL MAR

¿Preparado para sumergirte? A continuación mostramos cómo canalizar la energía tranquilizadora del mar para realinear y recalibrar tu *chakra* del tercer ojo.

- Ve a la playa o a cualquier masa de agua, preferiblemente antes de la salida del sol.
- Camina, corre, ve en bicicleta o sencillamente quédate sentado en silencio mientras observas la salida del sol sobre el mar y la tierra.
- Concéntrate en la claridad de tu respiración. Siente cada inspiración y cada espiración. Observa los olores que llenan tus fosas nasales y los sonidos que llegan a tus oídos.
- Disfruta de la experiencia sensorial del momento presente, con el amanecer trayendo la promesa de un nuevo día, la esperanza y la sensación de que todo es posible.
- Si es posible, al ponerse el sol, vuelve a la masa de agua o a tu entorno natural preferido, y repite el ejercicio, observando el final del día.
- Respira la gratitud del momento, espirando todo lo que desees liberar.
- Concédete permiso para sumergirte por completo en este momento para relajarte, liberarte y recalibrar tu energía y tu aura. Reconoce cómo se siente tu cuerpo y observa tus pensamientos sin juzgarlos.

Resumen

Con independencia de que prefieras la playa o las montañas, la tierra o el mar, explorar y disfrutar de las maravillas naturales del mundo mejora nuestro estado de ánimo, cambia nuestra perspectiva y nos permite experimentar la energía de nuestro entorno natural. Incluso tomar una ruta diferente durante un paseo diario o sentir alegría anticipada por una experiencia venidera revitaliza el espíritu y despierta energía positiva.

CAPÍTULO 16

EJERCICIO DE ACTIVACIÓN DEL FLUJO DE ENERGÍA

Desintoxicación de la luz azul

«Deja atrás los viejos hábitos al comenzar con el pensamiento "Libero esta necesidad de mi vida"».

WAYNE DYER

La mayor parte de nuestra exposición a la luz azul se produce durante el día, por culpa de la luz solar y de fuentes artificiales como la televisión y las pantallas de ordenador. La luz azul desencadena la supresión de la melatonina, a la vez que estimula las partes de nuestro cerebro que crean el estado de alerta. La luz azul también eleva nuestro ritmo cardíaco y la temperatura corporal, ambos factores útiles para mejorar la atención y la concentración cuando se regulan correctamente durante las horas del día. Algunos estudios incluso sugieren que la exposición estratégica a la luz azul puede ayudar a tratar varios trastornos del sueño.

Esto es útil para trabajar la atención durante el día, pero la luz azul puede tener consecuencias perjudiciales por la noche, en especial en las horas previas a acostarse. La exposición nocturna a la luz azul puede engañar a nuestro cerebro haciéndole creer que todavía es de día, haciéndonos sentir alerta, despiertos y activados en lugar de relajados y preparados para descansar.

A diferencia de gran parte de la larga historia de la humanidad, cuando estos ritmos estaban regulados por la progresión natural de la salida y la puesta del sol, hoy en día vivimos en un mundo a menudo alterado por la luz artificial. Esto interrumpe nuestro ritmo circadiano y puede provocar un desequilibrio en la glándula pineal y el *chakra* del tercer ojo.

La vida moderna está plagada de avances en la tecnología digital, y con ellos vienen las distracciones y otras consecuencias. Entre las reuniones con Zoom, los teléfonos inteligentes y otros usos del ordenador, muchos de nosotros pasamos mucho tiempo delante de nuestros dispositivos digitales. Las emisiones de luz azul pueden interrumpir el sueño y tener efectos negativos en nuestra vista. Además, también pueden confundir las señales que reciben tanto el cerebro como la glándula pineal sobre la hora del día, retrasando la producción de la melatonina necesaria para dormir.

Como toda la luz, la luz azul es radiación electromagnética, una forma de energía por lo general invisible. Nuestros ojos interpretan los colores de la luz en función de la cantidad de energía que contiene la luz. Un arcoíris nos muestra todo el espectro de luz visible, mientras que la luz que emite el sol es blanca, una combinación de todos los colores presentes en el espectro de luz visible. La luz azul, que forma parte del espectro de luz invisible, puede perjudicar y afectar de manera negativa varios aspectos de nuestro bienestar, como el estado de alerta y la producción de hormonas, entre las que se incluye la melatonina necesaria para dormir de manera eficiente y productiva.

Si bien todos los tipos de luz visible pueden afectar a los ritmos circadianos, los mayores impactos provienen de la luz azul y la luz solar. La encuesta 2011 Sleep in America, llevada a cabo por la National Sleep Foundation, encontró que el 90 por 100 de los estadounidenses afirma que utiliza un dispositivo electrónico antes de acostarse, a menudo en su cama.[1] Una década después, es muy posible que estas cifras hayan aumentado.

---

1. Sleep Foundation: «How Blue Light Affects Sleep», actualizado el 24 de junio de 2021. Disponible en: www.sleepfoundation.org/bedroom-environment/blue-light

Éstas son algunas de las fuentes más comunes de luz azul artificial:[2]

- Luces fluorescentes.
- Luces led.
- Teléfonos inteligentes.
- Televisores.
- Pantallas de ordenador.
- Tabletas.
- Libros electrónicos.
- Consolas de videojuegos.

Uno de nuestros objetivos en las últimas horas del día debe ser minimizar los efectos perjudiciales de la luz azul. ¿La solución evidente? ¡Apagar las fuentes de luz azul! Sin embargo, para la mayoría de nosotros es más fácil decirlo que hacerlo, y puede que no siempre sea del todo posible. A continuación, mostramos algunas ideas que puedes integrar en tus rutinas diarias y nocturnas para ayudar a reducir la exposición a la luz azul que puede interrumpir tu sueño e interferir con tu *chakra* del tercer ojo.

DESINTOXICACIÓN DE LA LUZ AZUL

- Utiliza unas gafas que filtren la luz azul.
- Atenúa, reduce o elimina la iluminación LED y fluorescente.
- Ponte una alarma para apagar los dispositivos digitales innecesarios unas dos o tres horas antes de acostarte.
- Elige una lámpara para la mesita de noche que tenga luz en la zona amarilla o naranja del espectro.

---

2. Gradisar, M.: «The Sleep and Technology Use of Americans: Findings from the National Sleep Foundation's 2011 Sleep in America Poll», *Journal of Clinical Sleep Medicine*, vol. 9, n.º 12, pp. 1291-1299 (2013).

- Ajusta la configuración de tu teléfono inteligente, de tu ordenador y de tu tableta a «modo nocturno» o a «luz amarilla», lo que puede reducir la cantidad de emisiones de luz azul que reciben tus ojos.
- Mejora el entorno en el que duermes. Si es posible, elimina por completo los dispositivos digitales del dormitorio. Si no es posible, o si hay fuentes de luz en tu habitación que no se apagan ni se atenúan, considera utilizar un antifaz para los ojos que bloquee la luz mientras duermes.

LA HORA DEL APAGADO

Otra idea para una mejor noche de sueño es este ejercicio del doctor Michael Breus. Breus recomienda aplicar Power Down Hour («la hora del apagado»), que te permite terminar tus tareas diarias y prepararte para dormir una hora antes de meterte en la cama. Este ejercicio se lleva a cabo en tres sesiones de veinte minutos.

- Los primeros veinte minutos se reservan a las tareas fáciles e inacabadas, como las tareas domésticas sencillas, el cuidado de las mascotas, ordenar la casa o tirar la basura.
- En el segundo bloque de veinte minutos, haz algo relajante, como leer, tocar algún instrumento, hacer una manualidad, escribir un diario, meditar o practicar una técnica de relajación adicional. Evita recurrir a una pantalla durante estos minutos.
- En los últimos veinte minutos, atiende tu rutina nocturna de higiene. Toma un baño o una ducha tibios, cepíllate los dientes, aplícate cualquier cuidado de la piel que necesites, quítate las lentes de contacto y atiende cualquier otra necesidad corporal.

En palabras del doctor Breus, «crear rituales constantes y saludables es clave para dormir bien todas las noches. Y establecer una hora específica cada noche para hacer las cosas es muy útil para asegurarte de que te puedas ocupar de la casa y te vayas a la cama a la hora».[3]

Resumen

Aprovecha al máximo esos preciosos momentos antes de dormir, eliminando, o reduciendo al mínimo, el tiempo frente a la pantalla y sus correspondientes, y potencialmente dañinas, emisiones de luz azul. Al mantener los dispositivos digitales fuera del dormitorio, puedes proteger tu energía y, a su vez, tu paz, cultivando el estado de calma y relajación necesario para facilitar una noche de sueño fluido y saludable.

3. Entrevista telefónica y correspondencia a través del correo electrónico en junio y noviembre de 2021 con el doctor Michael Breus, diplomado de la American Board of Sleep Medicine, socio de la American Academy of Sleep Medicine y fundador de www.thesleepdoctor.com.

CONCLUSIONES

Gracias por acompañarme en este viaje interactivo para sanar, desintoxicar y desbloquear la glándula pineal y el *chakra* del tercer ojo. Espero que estas palabras, estos ejercicios de energía y estas actividades holísticas hayan traído una nueva conciencia, amor, luz y activación a tu vida.

Nuestras mentes son fuerzas magnéticas de atracción, y nuestra naturaleza física encarna y emite energía que compartimos con todo el universo, incluida la que se encuentra dentro de nosotros mismos. Al igual que con cualquier cosa que persigamos, se necesita aprovechar continuamente nuestra mente y nuestro cuerpo para lograr los resultados deseados.

A medida que hemos avanzado por las actividades de activación de cada capítulo, hemos aprendido cómo encarnar la energía dentro de nosotros mismos y cómo emitirla hacia el mundo. Al explorar la glándula pineal y sus complejidades, hemos aprendido cómo trabajar con ella para lograr una salud óptima. Estas prácticas conscientes y meditativas y los ejercicios que activan la energía nos permiten tratar, sanar y equilibrar los elementos de la mente, el cuerpo y el espíritu. Desbloquear nuestro propio poder nos permite provocar los cambios necesarios para expandirnos hasta nuestro máximo potencial.

Continúa practicando estos ejercicios activadores de la energía con todo tu corazón, tu mente y tu cuerpo. Si sigues realizando estos ejercicios y actividades, y además integras otros hábitos saludables en tu vida diaria, reconocerás tus propias habilidades para acceder a tu poder. Utiliza este libro como referencia cada vez que te sientas bloqueado: te sorprenderás de la chispa creativa de inspiración que fluirá a través de tu campo energético. Una vez que hayas despertado, elevado y aprovechado la energía y el poder de tu glándula pineal y del *chakra* del tercer ojo, fíjate en cómo tu nueva claridad e intuición elevan tu vida. ¡Sé consciente y siéntete orgulloso de tu propio poder, y disfruta de tu estado de ánimo empoderado, activado y fluidamente energético!

APÉNDICE

RITUAL MATINAL POSITIVO

Prueba cada mañana este ritual. Para una práctica regular, utiliza un cuaderno. Guarda este libro o el cuaderno en tu mesita de noche para poder acceder con facilidad a él sin que te tengas que levantar.

- Escribe «ME SIENTO AGRADECIDO POR» y enumera al menos tres cosas por las que te sientas agradecido.

_____
_____
_____
_____
_____
_____
_____
_____

- A continuación, escribe «PRETENDO», «ESTOY DISPUESTO A» o «VOY A» y enumera los elementos que te gustaría integrar en tu día a día.

_____
_____
_____
_____
_____
_____
_____
_____

- Lee ambas listas en voz alta.

RITUAL MATINAL POSITIVO

Prueba cada mañana este ritual. Para una práctica regular, utiliza un cuaderno. Guarda este libro o el cuaderno en tu mesita de noche para poder acceder con facilidad a él sin que te tengas que levantar.

• Escribe «ME SIENTO AGRADECIDO POR» y enumera al menos tres cosas por las que te sientas agradecido.

_____

_____

_____

_____

_____

_____

_____

_____

• A continuación, escribe «PRETENDO», «ESTOY DISPUESTO A» o «VOY A» y enumera los elementos que te gustaría integrar en tu día a día.

_____

_____

_____

_____

_____

_____

_____

_____

Lee ambas listas en voz alta.

RITUAL MATINAL POSITIVO

Prueba cada mañana este ritual. Para una práctica regular, utiliza un cuaderno. Guarda este libro o el cuaderno en tu mesita de noche para poder acceder con facilidad a él sin que te tengas que levantar.

• Escribe «ME SIENTO AGRADECIDO POR» y enumera al menos tres cosas por las que te sientas agradecido.

_____
_____
_____
_____
_____
_____
_____
_____

• A continuación, escribe «PRETENDO», «ESTOY DISPUESTO A» o «VOY A» y enumera los elementos que te gustaría integrar en tu día a día.

_____
_____
_____
_____
_____
_____
_____

Lee ambas listas en voz alta.

RITUAL MATINAL POSITIVO

Prueba cada mañana este ritual. Para una práctica regular, utiliza un cuaderno. Guarda este libro o el cuaderno en tu mesita de noche para poder acceder con facilidad a él sin que te tengas que levantar.

• Escribe «ME SIENTO AGRADECIDO POR» y enumera al menos tres cosas por las que te sientas agradecido.

_____
_____
_____
_____
_____
_____
_____
_____

• A continuación, escribe «PRETENDO», «ESTOY DISPUESTO A» o «VOY A» y enumera los elementos que te gustaría integrar en tu día a día.

_____
_____
_____
_____
_____
_____
_____
_____

Lee ambas listas en voz alta.

RITUAL MATINAL POSITIVO

Prueba cada mañana este ritual. Para una práctica regular, utiliza un cuaderno. Guarda este libro o el cuaderno en tu mesita de noche para poder acceder con facilidad a él sin que te tengas que levantar.

• Escribe «ME SIENTO AGRADECIDO POR» y enumera al menos tres cosas por las que te sientas agradecido.

_____

_____

_____

_____

_____

_____

_____

_____

• A continuación, escribe «PRETENDO», «ESTOY DISPUESTO A» o «VOY A» y enumera los elementos que te gustaría integrar en tu día a día.

_____

_____

_____

_____

_____

_____

_____

Lee ambas listas en voz alta.

AFIRMACIONES NOCTURNAS

Haz estas afirmaciones antes de acostarte para dejar que se absorban por completo en tu subconsciente mientras duermes.

- Escribe «Cosas increíbles que me han pasado hoy» y enumera tres (o más) actividades o acontecimientos que te hayan hecho sentir agradecido. ¡Puede que te haga sonreír revivir estos acontecimientos y sus alegres emociones!

_____
_____
_____
_____
_____
_____
_____
_____

- Escribe «PRETENDO» o «TENGO LA INTENCIÓN DE» y enumera los elementos que te gustaría implementar.

_____
_____
_____
_____
_____
_____
_____
_____

Deja este libro en tu mesita de noche o al lado de tu almohada para aprovechar el poder del pensamiento subconsciente que se manifiesta en acción.

AFIRMACIONES NOCTURNAS

Haz estas afirmaciones antes de acostarte para dejar que se absorban por completo en tu subconsciente mientras duermes.

• Escribe «Cosas increíbles que me han pasado hoy» y enumera tres (o más) actividades o acontecimientos que te hayan hecho sentir agradecido. ¡Puede que te haga sonreír revivir estos acontecimientos y sus alegres emociones!

_____

_____

_____

_____

_____

_____

_____

_____

• Escribe «PRETENDO» o «TENGO LA INTENCIÓN DE» y enumera los elementos que te gustaría implementar.

_____

_____

_____

_____

_____

_____

_____

Deja este libro en tu mesita de noche o al lado de tu almohada para aprovechar el poder del pensamiento subconsciente que se manifiesta en acción.

AFIRMACIONES NOCTURNAS

Haz estas afirmaciones antes de acostarte para dejar que se absorban por completo en tu subconsciente mientras duermes.

• Escribe «Cosas increíbles que me han pasado hoy» y enumera tres (o más) actividades o acontecimientos que te hayan hecho sentir agradecido. ¡Puede que te haga sonreír revivir estos acontecimientos y sus alegres emociones!

_____

_____

_____

_____

_____

_____

_____

_____

• Escribe «PRETENDO» o «TENGO LA INTENCIÓN DE» y enumera los elementos que te gustaría implementar.

_____

_____

_____

_____

_____

_____

_____

_____

Deja este libro en tu mesita de noche o al lado de tu almohada para aprovechar el poder del pensamiento subconsciente que se manifiesta en acción.

AFIRMACIONES NOCTURNAS

Haz estas afirmaciones antes de acostarte para dejar que se absorban por completo en tu subconsciente mientras duermes.

• Escribe «Cosas increíbles que me han pasado hoy» y enumera tres (o más) actividades o acontecimientos que te hayan hecho sentir agradecido. ¡Puede que te haga sonreír revivir estos acontecimientos y sus alegres emociones!

_____
_____
_____
_____
_____
_____
_____
_____
_____

• Escribe «PRETENDO» o «TENGO LA INTENCIÓN DE» y enumera los elementos que te gustaría implementar.

_____
_____
_____
_____
_____
_____
_____
_____

Deja este libro en tu mesita de noche o al lado de tu almohada para aprovechar el poder del pensamiento subconsciente que se manifiesta en acción.

AFIRMACIONES NOCTURNAS

Haz estas afirmaciones antes de acostarte para dejar que se absorban por completo en tu subconsciente mientras duermes.

• Escribe «Cosas increíbles que me han pasado hoy» y enumera tres (o más) actividades o acontecimientos que te hayan hecho sentir agradecido. ¡Puede que te haga sonreír revivir estos acontecimientos y sus alegres emociones!

_____

_____

_____

_____

_____

_____

_____

_____

• Escribe «PRETENDO» o «TENGO LA INTENCIÓN DE» y enumera los elementos que te gustaría implementar.

_____

_____

_____

_____

_____

_____

_____

Deja este libro en tu mesita de noche o al lado de tu almohada para aprovechar el poder del pensamiento subconsciente que se manifiesta en acción.

BIBLIOGRAFÍA

Breus, M.: Entrevista telefónica y correspondencia por correo electrónico. Junio y noviembre de 2021.

Easwaran, E.: *The Upanishads*, segunda edición, Nilgiri Press, Tomales, California, 2007.

—: *The Bhagavad Gita*, segunda edición. Nilgiri Press, Tomales, California, 2007.

Emmons, R. A., *et al*.: «Counting Blessing Versus Burdens: An Experimental Investigation of Gratitude and Subjective Well-Being in Daily Life», *Journal of Personality and Social Psychology*, vol. 84, n.º 2, pp. 377-389 (2003).

Gradisar, M., *et al*.: «The Sleep and Technology Use of Americans: Findings from the National Sleep Foundation's 2011 Sleep in America Poll», *Journal of Clinical Sleep Medicine*, vol. 9, n.º 12, pp. 1291-1299 (2015).

Hall, J.: *The Crystal Seer: Power Crystals for Magic, Meditation, & Ritual*. Fair Winds Press Inc., Beverly, Massachusetts, 2018.

Hartranft, C. *The Yoga-Sutra of Patanjali: Shambhala*. Shambala Publications, Boulder, Colorado, 2003. (Trad. cast.: *Los Yoga sutra de Patáñjali: la versión definitiva del libro del maestro*. Paidós Ibérica, Barcelona, 2013).

Iyengar, B. K. S.: *Core of the Yoga Sutras: The Definitive Guide to the Philosophy of Yoga*. Harper Thorsons, Nueva York, 2013. (Trad. cast.: *El corazón de los Yoga Sutras: la guía esencial de la filosofía del yoga*. Kairós, Barcelona, 2015).

—: *Light on Yoga: The Bible of Modern Yoga*. Allen & Unwin, Crows Nest, Australia, 1965.

—: *Light on Yoga: The Bible of Modern Yoga*. Schocken Books, Nueva York, 2006. (Trad. cast.: *La luz del yoga*. Kairós, Barcelona, 2018).

MEAD, O.: Correspondencia por correo electrónico y entrevista. Mayo de 2021.

MENG, X., *et al.*: «Dietary Sources and Bioactivities of Melatonin», *Nutrients*, vol. 9, n.º 4, p. 367 (2017).

MUELLER, M.: *Upanishads*. Wordsworth Editions Limited, Hertfordshire, 2001. (Trad. cast. *Los Upanishads*. Edicomunicación, Barcelona, 1988).

NEWSOM, R.: «How Blue Light Affects Sleep», Sleep Foundation. Última actualización el 24 de junio de 2021. Disponible en: www.sleepfoundation.org/bedroom-environment/blue-light.

OSCHMAN, J. L., *et al.*: «The Effects of Grounding (Earthing) on Inflammation, the Immune Response, Wound Healing, and Prevention and Treatment of Chronic Inflammatory and Autoimmune Diseases», *Journal of Inflammation Research*, vol. 8, pp. 83-96 (2015).

PERRAKIS, A.: *Crystal Lore, Legends & Myths*. Quarto Publishing Group USA Inc., Beverly, Massachusetts, 2019.

SATCHIDANANDA, S.: *The Yoga Sutras of Patanjali*. Integral Yoga Publications, Buckingham, Virginia, 2012.

SHEARER, A.: *The Yoga Sutras of Patanjali*. Harmony Books, Nueva York, 2002.

Web MD: «What to Know About Calcification of the Pineal Gland». Última actualización el 23 de junio de 2021. Disponible en: www.webmd.com/sleep-disorders/what-to-know-about-calcification-of-the-pineal-gland.

Yoga for the Conception Journey: «Many Believe Meditation is Practiced Simply to Clear the Mind», *Facebook*, 4 de agosto de 2021. Disponible en: www.facebook.com/hashtag/yogaforttc?source=feed_text&epa=HASHTAG.

ZARASKA, M.: «The Sense of Smell in Humans Is More Powerful Than We Think», *Discover Magazine*, 10 de octubre de 2017. Disponible en: www.discovermagazine.com/mind/the-sense-of-smell-in-humans-is-more-powerful-than-we-think.

AGRADECIMIENTOS

Durante mucho tiempo he creído en la cadencia divina y la ley de la atracción, tanto que cuando se presentó la oportunidad de escribir este libro, consideré que era realmente un regalo. Era la señal que necesitaba del universo de que las cosas se estaban desarrollando como debían, y que yo me encontraba justo allí donde tenía que estar.

Dicho esto, también estoy agradecida por compartir estas prácticas conscientes. Espero que te hayan aportado –y sigan aportándote– luz, amor y consciencia de la misma manera que a mí me han aportado consuelo.

También me gustaría dar las gracias a mis seres queridos, en especial a mis padres, por su apoyo y aliento, no sólo durante el proceso de escritura, sino también a lo largo de todos los años previos a este trabajo. Doy las gracias a todos aquellos que han apoyado, alentado y leído las palabras que he escrito a lo largo de los años. A mis estudiantes de yoga, gracias por presentaros con energía y devoción, y, sobre todo, por darme la oportunidad de continuar el proceso de evolución. En el yoga y en la vida siempre somos estudiantes y aprendemos, nos adaptamos, fluimos y buscamos equilibrar nuestra mente y nuestro cuerpo, moviéndonos hacia un lugar de tranquilidad, expansión, apertura, ligereza y paz.

Finalmente, gracias, lectores, por acompañarme en este viaje. Estoy muy agradecida por compartir energía positiva y estas prácticas conscientes, y estoy emocionada de que tu camino se desarrolle, evolucione y se expanda. ¡*Namasté*!

ACERCA DE LA AUTORA

Crystal Fenton es escritora independiente y profesora certificada de yoga E-RYT®200 YACEP®. Como periodista multimedia, su trabajo editorial ha aparecido en numerosas revistas impresas y digitales y en programas de televisión, y trata de yoga, bienestar, salud, meditación, ciencia, estilo de vida, belleza y viajes, entre otros temas.

Como profesora de yoga y meditación, su trabajo incluye la enseñanza privada y semiprivada en talleres, eventos y sesiones de grupo. Ha sido conferenciante y ha aportado su experiencia en el trabajo con miembros activos y retirados de los servicios de emergencias, incluidos los bomberos y el personal militar y policial, atletas profesionales, enfermos de cáncer y pacientes con otras enfermedades graves, y otros grupos poblacionales sensibles a los traumas.

El poder de sanación de la glándula pineal: Ejercicios y meditaciones para purificar, descalcificar y activar tu tercer ojo es su primer libro.

ÍNDICE